"의료관광 중국어 코디네이터"를 양성하기 위한 사례 지침서
("医疗观光中文管理员"事例实用指南, 医疗观光中文实用教程)

의료관광 중국어

中文医疗观光实用教程

안용훈 · 강희석 공저

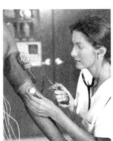

본서는 의료관광 관련 의료인 · 에이전시 종사원의 '필독서'로 A부터 Z까지
실용 중국어 능력을 향상시킬 수 있도록 만들었습니다.

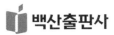 백산출판사

머리말(出版前言)

춘추전국시대 때 공자가 마차를 타고 제후국들을 방문한다. 1, 2년도 아닌 일생을 바쳐… 후세 사람들은 이를 두고 관광객 1호는 공자라 지칭한다. 2009년 5월 1일 「의료관광법」 시행에 따라 한국 의료관광시장의 문이 활짝 열렸다. "널리 인간을 이롭게 한다"라는 '홍익인간' 정신에 따라 미국이나 유럽 못지않은 의료시설과 기술을 바탕으로 '잠자는 공주'(의료관광)를 깨웠다.

이에 따라 의료를 목적으로 한국을 찾는 외래객들을 대상으로 의사전달이 가능한 인력체계가 시급하게 되었다. 중국은 2010년 GDP 5조 9천억 달러로 세계 2위의 경제대국. 2009년 해외출국 중국인 수는 4,766만 명(연 18% 성장)으로 UNWTO는 2020년에 중국인 해외관광객 수를 1억 명(세계 4위)으로 내다보고 있다.

특히 의료관광을 목적으로 한국을 찾는 중국인들이 급증하면서 치료 및 시술과 관련된 의사전달이 가능한 인력을 필요로 하는 병원들이 많이 늘었다.

따라서 환자와 의료기관의 원활한 커뮤니케이션을 돕고 일상적인 중국어 외에도 전문적인 의료용어의 이해와 습득이 필요하다. 또한 단순 여행객뿐만 아니라 한류의 영향으로 피부, 미용, 성형의 수요가 증가하고 있는 것으로 보아 한국과 가장 가까운 중국 의료관광시장의 잠재력은 언제 터질지 모를 고무풍선과도 같다고 하겠다.

이에 발맞추어 의료관광 중국어를 출간하여 의료관광 활성화에 기폭제 역할을 수행코자 하는 것은 통역사야말로 최전선에 서 있는 외교관임을 인식시키고자 함이다.

자기가 하고자 하는 일에 긍지와 보람을 가질 수 있는 직업은 흔치 않다. 짧아도 정확한 표현으로 의사소통을 유도하고자 한 이 책은 의료관광 중국어를 필요로 하는 곳이면 어디두 유용하게 사용될 것으로 본다.

중국인 방문객, 의료기관, 의료관광관련 유치업자, 학생, 의료코디네이터, 여행사, 호텔, 항공사, 관광홍보센터 등 각계각층의 모든 분들이 두루 알기 쉽고 정확하게 설명할 수 있도록 현장감을 살리고자 노력하였다.

끝으로 의료관광 중국어 출간을 위해 도와주신 많은 관계자 및 선·후배님들께 감사드린다.

본서가 의료관광 일선에서 활약하고 계시는 모든 분들과 의료관광 전문가를 목표로 공부하는 분들에게 부족한 글이지만 다소나마 도움이 되었으면 하는 마음 간절하다.

특히 이 책이 나오기까지 물심양면으로 도와주신 백산출판사의 진욱상 사장님과 의료관광이 아직 초반기여서 용어정리 등의 어려움이 많음에도 교정에 힘을 아끼지 않은 편집부 여러분께도 진심으로 감사드린다.

공동저자 안용훈 올림

목차(目录)

01

초진(初诊)

초기 진료 또는 기초 진료는 일반적으로 병원에 방문하여 처음 진료하는 과정으로 환자 개인이나 가족을 대상으로 하여 처음 진료하는 것을 말한다. 질환 및 상담을 통하여 병원에 처음 방문한 초진환자의 질병을 의사가 과거 병력, 현재 병력, 환자의 기본정보, 직업, 환경을 정확하게 파악하여 적절한 지시를 내리고 긴급처방을 실시한 다음 다른 전문의에게 환자의 진료를 위탁하거나 환자의 지속적인 진단, 만성질환의 계속적인 치료를 담당하는 역할을 수행하는 것을 말한다.

사진 : 한국관광공사 제공

초진 기본회화 初诊基本会话

1. nín nǎr bù shū fu ma?

   您哪儿不舒服吗?

   어디가 불편하십니까?

2. wǒ jiào jīn zhì xián. yù dìng zài 11 diǎn jiù zhěn de.

   我叫金智贤。预定在11点就诊的。

   오늘 11시에 예약되어 있는 김지현입니다.

3. nín shì dì yí cì dào wǒ yī yuàn jiù zhěn de ma?

   您是第一次到我医院就诊吗?

   이 병원에서 진찰받는 것은 오늘이 처음입니까?

4. qǐng nín tián yí xià chū zhěn biǎo gé.

   请您填一下初诊表格。

   그럼, 이 초진(문진)¹⁾ 진료용지에 기입해 주세요.

---

1) 김명자 외, 건강검진, 2007, pp. 7-22.

<u>5</u>. qǐng zuò xià děng nín de pái hào.

请坐下等您的排号。

부르실 때까지 그쪽에 앉아 기다려주십시오.

초진 관련어휘 初诊用语

초진 등록서(初诊填表内容)

이름(姓名) :

주소(地址) :

중국 연락처_이메일(中国联络处—邮箱) :

한국 연락처(韩国联络处) :

생년월일(生年月日) :

직업(职业) :

국적(国籍) :

혼인관계(婚姻状况) :

과거병력(病历) :

가족병력(家族病历) :

❁이름(姓名)

qǐng wèn nín guì xìng?
请问您贵姓?
성함을 여쭈어보겠습니다.

shuō yí xià nín de xìng míng.
说一下您的姓名。
성함을 가르쳐주십시오.

❁주소(地址)

shuō yí xià nín de dì zhǐ.
说一下您的地址。
주소를 가르쳐주십시오.

qǐng wèn nín zhù nǎr?
请问您住哪儿?
살고 계신 곳은 어디입니까?

qǐng wèn nín xiàn zài zhù nǎr?
请问您现在住哪儿?
지금 어디에 살고 있습니까?

연락처(联络处)

shuō yí xià nín de diàn huà hào mǎ.
说一下您的电话号码。
전화번호를 가르쳐주세요.

shuō yí xià nín de shǒu jī hào mǎ.
说一下您的手机号码。
휴대전화번호를 가르쳐주세요.

shuō yí xià nín de lián luò chù.
说一下您的联络处。
연락처를 가르쳐주세요.

shuō yí xià jǐn jí lián xì diàn huà hào mǎ.
说一下紧急联系电话号码。
긴급한 경우 연락할 수 있는 전화번호를 가르쳐주세요

숫자(数字)

0	1	2	3	4
líng 零	yī 一	èr 二	sān 三	sì 四
5	6	7	8	9
wǔ 五	liù 六	qī 七	bā 八	jiǔ 九
10	20	30	40	50
shí 十	èr shí 二十	sān shí 三十	sì shí 四十	wǔ shí 五十
60	70	80	90	100
liù shí 六十	qī shí 七十	bā shí 八十	jiǔ shí 九十	yì bǎi 一百
200	300	400	500	600
èr bǎi 二百	sān bǎi 三百	sì bǎi 四百	wǔ bǎi 五百	liù bǎi 六百
700	800	900	1,000	2,000
qī bǎi 七百	bā bǎi 八百	jiǔ bǎi 九百	yì qiān 一千	liǎng qiān 两千
3,000	4,000	5,000	6,000	7,000
sān qiān 三千	sì qiān 四千	wǔ qiān 五千	liù qiān 六千	qī qiān 七千
8,000	9,000	10,000	100,000	1,000,000
bā qiān 八千	jiǔ qiān 九千	yí wàn 一万	shí wàn 十万	yì bǎi wàn 一百万

❀ 특수한 숫자(特殊数字)

0.1	0.35	1할	절반
líng diǎn yī 零点一	líng diǎn sān wǔ 零点三五	yī chéng 一成	yí bàn 一半
2%	2배	1/2	1회
bǎi fēn zhī èr 百分之二	liǎng bèi 两倍	èr fēn zhī yī 二分之一	yī huí 一回

❀ 고유숫자(数字量词)

하나	둘	셋	넷	다섯
yí gè 一个	liǎng gè 两个	sān gè 三个	sì gè 四个	wǔgè 五个
여섯	일곱	여덟	아홉	열
liù gè 六个	qī gè 七个	bā gè 八个	jiǔ gè 九个	shí gè 十个

❀ 생년월일(生年月日)

shuō yí xià chū shēng nián. yuè rì
说一下出生年月日。
생년월일을 가르쳐주세요.

qǐng wèn nín shì nǎ yì nián shēng de.
请问您是哪一年生的。
몇 년생입니까?

qǐng wèn nín duō dà suì shǔ?
请问您多大岁数?
몇 살입니까?

shēng rì shì jǐ yuè jǐ hào?
生日是几月几号?
생일은 언제입니까?

(1) 월(月)

1월	2월	3월	4월	5월
1月	2月	3月	4月	5月
6월	7월	8월	9월	10월
6月	7月	8月	9月	10月
11월	12월	몇 월		
11 yuè 11月	12 yuè 12月	jǐ yuè 几月		

(2) ~개월(~个月)

1개월	2개월	3개월	4개월
1个月	2(两)个月	3个月	4个月
5개월	6개월	7개월	8개월
5个月	6个月	7个月	8个月
9개월	10개월	11개월	몇 개월
9 gè yuè 9个月	10 gè yuè 10个月	11 gè yuè 11个月	jǐ gè yuè 几个月

(3) 일(日)

1号 1일	2号 2일	3号 3일	4号 4일
5号	6号	7号	8号
9号	10号	11号	12号
13号	14号	15号	16号
17号	18号	19号	20号
21号	22号	23号	24号
25号	26号	27号	28号
29 hào 29号 29일	30 hào 30号 30일	31 hào 31号 31일	jǐ hào 几号 며칠

직업(职业)

qǐng wèn nín zài nǎr gong zuò?

请问您在哪儿工作?

무슨 일을 하고 있습니까?

qǐng wèn nín zuò shén me gōng zuò?

请问您做什么工作?

어떤 일을 하고 있습니까?

qǐng wèn nín de zhí yè?

请问您的职业?

직업은 무엇입니까?

qǐng wèn nín xiàn zài zuò shén me gōng zuò?

请问您现在做什么工作?

지금 어떤 일을 하고 있습니까?

(4) 직업명칭(职业名称)

yī shēng 医生 의사	hù shì 护士 간호사	shòu yī 兽医 수의사
àn mó shī 按摩师 안마사	yào jì shī 药剂师 약제사	fàng shè xiàn yīs hēng 放射线医生 방사선기사

gōng sī zhí yuán 公司职员 회사원	dǎo yǎn 导演 영화감독	sī jī 司机 기사
gōng wù yuán 公务员 공무원	wài jiāo guān 外交官 외교관	huà jiā 画家 화가
yì yuán 议员 의원	jǐng chá 警察 경찰관	jūn rén 军人 군인
gē shǒu 歌手 가수	zuò jiā 作家 작가	shī rén 诗人 시인
xué shēng 学生 학생	sī fǎ shū shì 司法书士 사법서사	gè tǐ hù 个体户 자영업
zhǔ fù 主妇 주부	shāng yè 商业 상업	yín háng zhí yuán 银行职员 은행원
zuò jiā 作家 작가	xiāo fáng guān 消防官 소방관	jì shù yuán 技术员 기술자
lǜ shī 律师 변호사	fǎguān 法官 판사	shěn pàn yuán 审判员 검사

엔지니어	工程师	gōng chéng shī
아나운서	播音员	bō yīn yuán
일러스트레이터	化妆师	huà zhuāng shī
카피라이터	撰稿员	zhuàn gǎo yuán
코미디언	喜剧演员	xǐ jù yǎn yuán
저널리스트	媒体工作者	méi tǐ gōng zuò zhě
샐러리맨	上班族	shàng bān zú
탤런트	演员	yǎn yuán
딜러	交易员	jiāo yì yuán
디자이너	设计师	shè jì shī
바이어	采购员	cǎi gòu yuán
내레이터	解说员	jiě shuō yuán
프로듀서	制作人	zhì zuò rén
프로그래머	程序员	chéng xù yuán
호스트	节目主持人	jié mù zhǔ chí rén
모델	模特	mó tè

✳혼인관계(婚姻关系)

nín jié hūn le ma?
您结婚了吗?
결혼했습니까?

nín shì dān shēn ma?
您是单身吗?
독신입니까?

✳국적(国籍)

shuō yí xià nín de guó jí.
说一下您的国籍。
국적을 가르쳐주세요.

nín shì cóng nǎr lái de?
您是从哪儿来的?
어디서 오셨습니까?

nín chū shēng zài nǎ gè guó jiā?
您出生在哪个国家?
출생한 국가가 어디입니까?

hán guó 韩国 한국	cháo xiǎn 朝鲜 북한	zhōng guó 中国 중국	tái wān 台湾 대만	rì běn 日本 일본
měi guó 美国 미국	é guó 俄国 러시아	yīng guó 英国 영국	dé guó 德国 독일	yì dà lì 意大利 이탈리아
jiā ná dà 加拿大 캐나다	xīn jiā pō 新加坡 싱가포르	mǎ lái xī yà 马来西亚 말레이시아	yìn dù 印度 인도	měng gǔ 蒙古 몽골
bā xī 巴西 브라질	ā gēn tíng 阿根廷 아르헨티나	zhì lì 智利 칠레	bì lǔ 秘鲁 페루	gǔ bā 古巴 쿠바

❄ ~과(~科)

nín xiǎng zhǎo nǎ wèi yī sheng jiù zhěn?

您想找哪位医生就诊?

어느 선생님께 진찰받고 싶습니까?

nín xiǎng zhǎo nǎ gè kē de yī sheng lái jiù zhěn?

您想找哪个科的医生来就诊?

무슨 과 의사 선생님께 진찰받고 싶습니까?

nín xiǎng zhǎo nǎ gè kē?

您想找哪个科?

어느 과에 가고 싶습니까?

❋병원의 형태(医院种类)

국립병원	国立医院	guó lì yī yuàn
공립병원	公立医院	gōng lì yī yuàn
대학병원	大学医院	dà xué yī yuàn
종합병원	综合医院	zōng hé yī yuàn
전문병원	专科医院	zhuān kē yī yuàn
의원	医院	yī yuàn

자주 나오는 의료질문 常见医疗提问

Q qǐng gào su wǒ yí xià yī yuàn zhěn liáo shí jiān.

请告诉我一下医院诊疗时间。

병원 진료시간을 알려주세요.

A: hǎo de. zhōu yī dào zhōu liù.

好的。周一到周六。

예, 월요일에서 토요일입니다.

shàng wǔ 10 diǎn dào 6 diǎn jìn xíng zhěn liáo,

上午10点到6点进行诊疗,

오전 10시부터 오후 6시까지입니다.

zhōu rì xiū xi.

周日休息。

일요일은 휴무입니다.

Q chū zhěn yě xū yào yù yuē ma?

初诊也需要预约吗?

초진인데 예약이 필요한가요?

A : rú guǒ bú yù yuē děng de shí jiān huì cháng,

如果不预约等的时间会长,

예약을 하지 않으시면 기다리는 시간이 깁니다.

hái shì yù yuē de hǎo.

还是预约的好。

예약하시는 것이 좋습니다.

Q chū zhěn qián zī xún yīng gāi zěn me zuò cái hǎo?

初诊前咨询应该怎么做才好?

초진진료 예약상담은 어떻게 해야 되나요?

A : nín ké yǐ lì yòng wǎng luò huò diàn huà.

您可以利用网络或电话。

인터넷이나 또는 전화상담하시면 됩니다.

Q shì xiān yù yuē yǐ hòu de chū zhěn yīng zuò shén me zhǔn bèi?

事先预约以后的初诊应做什么准备?

예약 후 초진진료 시 준비사항을 알려주세요.

A : yīng dài zhěn liào wěi tuō shū,

应带诊疗委托书、

gè zhǒng yǐng xiàng cái liào、kǒu fú yào.

各种影像材料、口服药。

진료의뢰서, 각종 영상자료, 복용하고 있는 약물을 가져오세요.

Q yǒu guān zī liào néng bu néng

有关资料能不能

wǎng wǒ de yóu xiāng fā yí jiàn

往我的邮箱发一件?

관련자료를 제 이메일로 발송해 주시겠습니까?

A : hǎo de. dāng rán ké yǐ.

好的。当然可以。

예, 가능합니다.

Q rú guǒ tí jiǎn jié guǒ hǎo de huà ké yǐ dòng shǒu shù ma?

如果体检结果好的话可以动手术吗?

건강진단을 받고 혹시 수술도 가능한지요?

A : jiǎn chá jié guǒ hǎo ké yǐ dòng shǒu shù de.

检查结果好可以动手术的。

검사결과에 따라 가능합니다.

Q rú guǒ zhù yuàn yīng gāi zhǔn bèi shén me wù pǐn?

如果住院应该准备什么物品？

입원한다면 무엇을 준비해야 하는지를 알려주세요.

A : zhǔn bèi huàn zhě hé hù lǐ zhě de chuáng yòng pǐn,

准备患者和护理者的床用品，

xǐ shù yòng jù.

洗漱用具。

환자용 및 보호자용 침구류, 개인 세면도구를 준비하시면 됩니다.

Q zuò wán zhěn liáo, zhěn liáo fèi zěn me fù kuǎn?

做完诊疗，诊疗费怎么付款？

진료 후 진료비의 지불방법을 알려주세요.

A : yòng xiàn jīn huò xìn yòng kǎ

用现金或信用卡

zài yuàn wù kē zhī fù jiù shì.

在院务科支付就是。

현금 또는 신용카드를 이용하여 원무과에 지불하시면 됩니다.

Q bǎ yǐ qián de yī yuàn pāi de ct/mri/x-ray

把以前的医院拍的CT/MRI/X-ray

예전 병원에서 촬영한 CT/MRI/X-ray를

gěi dài guò lái le,

给带过来了,

가지고 왔습니다.

bù zhī dào zài zhè lǐ néng bu néng yòng?

不知道在这里能不能用?

이곳에서 사용이 가능한가요?

A : 6 gè yuè yǐ qián de yóu yī sheng lái jué dìng shì fǒu zài pāi yí xià.

6个月以前的由医生来决定是否再拍一下。

6개월 이전의 것인 경우에는 의사의 판단에 따라 재촬영 여부가 결정
됩니다.

wǒ jiā rù le lǚ yóu bǎo xiǎn, huí guó hòu néng shòu xiǎn ma?

我加入了旅游保险, 回国后能受险吗?

여행자보험을 가입했는데, 귀국한 다음 보험 적용이 가능한가요?

A : lǚ yóu bǎo xiǎn chú le zhěng róng hé gù yì shì gù yǐ wài,

旅游保险除了整容和故意事故以外,

여행자 보험인 경우 성형, 고의적인 사고를 제외하고

ruò yǒu yī sheng jiè shào xìn、zhěn duàn shū、shōu jù

若有医生介绍信、诊断书、收据

의사소견서, 진단서, 영수증이 있으면

ké yǐ shēn qǐng bǎo xiǎn,

可以申请保险,

보험을 신청할 수 있습니다

jīng guò shěn chá zuì gāo 100% shòu báo.

经过审查最高100%受保。

보험심사 후 최대 100%까지 보험적용이 가능합니다.

Q huàn zhě de hù lǐ zhě ké yǐ zài yī yuàn zhù sù ma?

患者的护理者可以在医院住宿吗?

환자 보호자인 경우 병원에서 투숙이 가능한가요?

A : huàn zhě bìng chuáng páng biān

患者病床旁边,

환자의 병상 옆에

lìng yǒu chuáng wèi,

另有床位

별도의 침대가 있습니다.

hù l zhě ké yí miǎn fèi shǐ yòng.

护理者可以免费使用。

보호자는 무료로 이용하실 수 있습니다.

자주 사용하는 의학용어 常用医学用语

초진	初诊	chū zhěn
재진	再诊	zài zhěn
진료예약	预诊	yù zhěn
외래	外来患者	wài lái huàn zhě
병동	住院楼	zhù yuàn lóu
간호사실	护士室	hù shì shì
입원	住院	zhù yuàn
퇴원	出院	chū yuàn
국민건강보험	国民健康保险	guó mín jiàn kāng bǎo xiǎn
사회보험	社会保险	shè huì bǎo xiǎn
생명보험	生命保险	shēng mìng bǎo xiǎn
여행자보험	旅游保险	lǚ yóu bǎo xiǎn
의사 소견서	医生介绍信	yī shēng jiè shào xìn
진료 신청서	诊疗申请书	zhěn liáo shēn qǐng shū
수술 동의서	手术同意书	shǒu shù tóng yì shū
현금	现金	xiàn jīn
카드	信用卡	xìn yòng kǎ
코디네이터	管理员	guǎn lǐ yuán
진료비 영수증	诊疗费收据	zhěn liáo fèi shōu jù

사진 : 골드 해피하우스 대기실(미래 성형외과 제공)

02

병력(病历)

병력(病历)은 의사의 관점에서 환자의 질환상태에 따라 환자가 호소하는 자각증세를 세심하게 듣는 한편, 환자 가족의 병력을 통하여 현재 치료에 대한 기본 정보를 조회하고 판단하는 데 목적을 두고 있다.

특히 의사는 환자로부터 현재 걸려 있는 병에 대해 그 발병상황과 증세의 진행 또는 변동, 특히 배가되는 고통은 무엇인가에 대해 물어서 진단한다. 병력은 주로 기왕력(출생의 상태와 과거에 걸렸던 병에 대한 경위), 가족 병력(유전에 대한 정보를 파악하는 데 도움), 현 병력(현재의 병의 시작, 진행, 증세의 종류)이 해당된다.

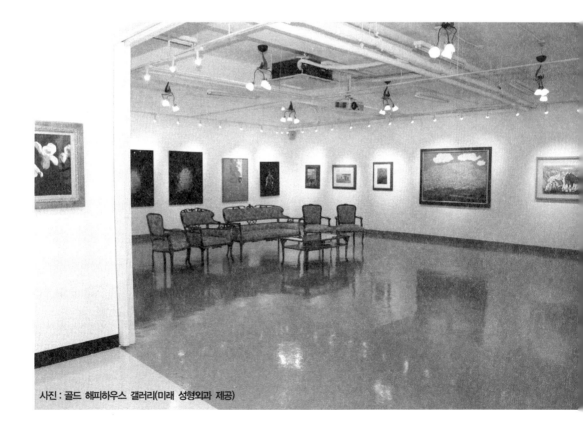

사진 : 골드 해피하우스 갤러리(미래 성형외과 제공)

병력 기본회화病历基本会话

1. yǒu méi yǒu dé guò dà bìng?

   有没有得过大病?

   지금까지 큰 병에 걸린 적이 있습니까?

2. zhí xì jiā shǔ dāng zhōng yǒu méi yǒu dé guò ái zhèng de?

   直系家属当中有没有得过癌症的?

   직계 가족 중에 암에 걸린 적이 있습니까?

3. xiàn zài fú shén me yào?

   现在服什么药?

   현재 어떤 약을 먹고 있습니까?

4. hē bu hē jiǔ?

   喝不喝酒?

   술은 마십니까?

5. yǒu méi yǒu guò mǐn?

   有没有过敏?

   알레르기가 있습니까?

병력 관련어휘 病历用语

✼주요 병명(主要病名)

아토피성 피부염	异位性皮肤炎	yì wèi xìng pí fū yán
알레르기	过敏	guò mǐn
위궤양	胃溃疡	wèi kuì yáng
에이즈	艾滋病	ài zī bìng
감기	感冒	gǎn mào
유행성이하선염	流行性腮腺炎	liú xíng xìng sāi xiàn yán
간염	肝炎	gān yán
기관지염	支气管炎	zhī qì guǎn yán
결핵	结核	jié hé
고혈압	高血压	gāo xuè yā
저혈압	低血压	dī xuè yā
수막염	水膜炎	shuǐ mó yán
피부염	皮肤炎	pí fū yán
천식	哮喘	xiào chuǎn
담석	胆石	dǎn shí

통풍	痛风	tòng fēng
타박상	擦伤	cā shāng
화상	烧伤	shāo shāng
습진	湿疹	shī zhěn
간질병	癫痫	diān xián
당뇨병	糖尿病	táng niào bìng
뇌염	乙型脑炎	yǐ xíng nǎo yán
폐렴	肺炎	fèi yán
매독	梅毒	méi dú
백내장	白内障	bái nèi zhàng
홍역	麻疹	má zhěn
백혈병	白血病	bái xuè bìng
백일해	百日咳	bǎi rì hāi
빈혈	贫血	pín xuè
풍진	风疹	fēng zhěn
포진	疱疹	pào zhěn
편도선염	扁桃腺炎	biǎn táo xiàn yán
방광염	膀胱炎	páng guāng yán
마비	麻痹	má bì
수두	水痘	shuǐ dòu
무좀	脚癣	jiǎo xuǎn

류머티즘	风湿病	fēng shī bìng
녹내장	青光眼	qīng guāng yǎn
임질	淋病	lìn bìng
늑막염	胸膜炎	xiōng mó yán
관절염	关节炎	guān jié yán
두통	头痛	tóu tòng
축농증	鼻窦炎	bí dòu yán
골절	骨折	gǔ zhé
신경통	神经痛	shén jīng tòng
식중독	食物中毒	shí wù zhòng dú
맹장염	阑尾炎	lán wěi yán
소화불량	消化不良	xiāo huà bù liáng
두드러기	风疹块	fēng zhěn kuài
설사	腹泻	fù xiè

✾암의 종류(癌症)

암	癌症	ái zhèng
뇌종양	脑癌	nǎo ái
유방암	乳腺癌	rǔ xiàn ái
자궁암	子宫内膜癌	zǐ gōng nèi mó ái
식도암	食道癌	shí dào ái
위암	胃癌	wèi ái
충수암	阑尾癌	lán wěi ái
대장암	肠癌	cháng ái
간암	肝癌	gān ái
폐암	肺癌	fèi ái
난소종양	卵巢肿瘤	luǎn cháo zhǒng liú

병력 실용회화 病历实用会话

A nín hǎo!

您好!

안녕하세요.

(nán) nín shì chén jiàn xiān sheng ma?

(男) 您是陳建先生吗?

(남) 첸젠 선생님이십니까?

(nǚ) nín shì wáng lìnǚ shì ma?

(女) 您是王麗女士吗?

(여) 왕리 여사입니까?

B shì de. wǒ jiù shì.

是的。我就是。

예, 맞습니다.

A shuō yí xià bìng lì.

说一下病历。

병력을 말씀해 주세요.

B hǎo de.

好的。

예.

A jiā lǐ yǒu méi yǒu dé guò ái zhèng de rén?

家里有没有得过癌症的人?

가족 중에 암환자가 있으십니까?

B yǒu. wǒ bà 3 nián qián dé liǎo wèi ái.

有。我爸3年前得了胃癌。

예, 3년 전에 아버지가 위암에 걸렸습니다.

A qí tā rén yě dé guò dà bìng ma?

其他人也得过大病吗?

가족 중에 큰 병을 앓은 분이 계십니까?

B yǒu. yé ye 60 suì de shí hou dé guò jié hé.

有。爷爷60岁的时候得过结核。

예, 할아버지가 60세에 결핵에 걸렸습니다.

A jiā lǐ yǒu táng niào bìng huàn zhě ma?

家里有糖尿病患者吗?

가족 중에서 당뇨병에 걸린 분도 있습니까?

B méi yǒu.

没有。

아니요, 없습니다.

A zuò le jú bù má zuì, nín de qíng xù huì dī luò de.

做了局部麻醉，您的情绪会低落的。

국소마취를 해서 기분이 가라앉을 것입니다.

41

B méi shì de. hái ké yǐ.

没事的。还可以。

아니요, 괜찮습니다.

A hái zài chī kǒu fú yào ma?

还在吃口服药吗?

아직도 약을 드시고 있나요?

B bù. xiàn zài bù chī.

不。现在不吃。

아니요, 지금은 약을 먹지 않습니다.

A nín hǎo! (nán) nín shì 000 xiān sheng ma?

您好! (男) 您是000先生吗?

(nǚ) nín shì 000 nǚ shì ma?

(女) 您是000女士吗?

안녕하세요. 000 씨이십니까?

B shì de. wǒ jiù shì.

是的。我就是。

예, 그렇습니다.

A xiǎng wèn yí xiē wèn tí.

想问一些问题。

여쭈어보고 싶은 것이 있습니다.

Ⓑ hǎo de.

　好的。

　예.

Ⓐ nín cháng chī yào ma?

您常吃药吗?

자주 약을 드십니까?

Ⓑ bù.

不。

아니요.

Ⓐ yǒu méi yǒu yào wù guò mǐn?

有没有药物过敏?

약에 대한 알레르기가 있습니까?

Ⓑ méi yǒu.

没有。

없습니다.

Ⓐ yǒu méi yǒu gāo xuè yā、táng niào bìng、

有没有高血压、糖尿病、

xīn zhàng bìng děng jí bìng?

心胀病等疾病?

고혈압, 당뇨병, 심장병 등은 없습니까?

B méi yǒu.

没有。

없습니다.

A liáng yí xià xuè yā.

量一下血压。

혈압을 재보겠습니다.

B hǎo de.

好的。

예.

A xuè yā zhèng cháng.

血压正常。

혈압은 정상입니다.

liáng yí xià tǐ wēn.

量一下体温。

체온을 재보겠습니다.

qǐng bǎ wēn dù jī jiá jìn yè wō lǐ.

请把温度计夹进腋窝里。

온도계를 겨드랑이 밑에 넣어주세요.

B hǎo de.

好的。

예.

A 36 shè shì dù. zhèng cháng.

36摄氏度。正常。

36도입니다. 정상입니다.

B shì ma?

是吗?

그렇습니까?

자주 나오는 의료질문 常见医疗提问

Q nín dé guò dà bìng ma?

您得过大病吗?

당신은 심하게 앓으신 경험이 있나요?

A : méi yǒu.

没有。

아니요.

Q nín zhù guò yuàn ma?

您住过院吗?

입원하신 경험이 있나요?

A : zhù guò.

住过。

예, 있습니다.

Q huà yàn lǐ yǒu guò liáng xìng fǎn yìng ma?

化验里有过良性反应吗?

검사에서 양성반응이 나온 적이 있으신가요?

A : yǒu. yǒu yì huí.

有。有一回。

예, 한번 있습니다.

Q jiā zú bìng lì ké yǐ bǎo mì ma?

家族病历可以保密吗?

가족력에 대해서는 비밀을 지켜주시나요?

A : dāng rán. zhè lǐ de yì qiè dōu shì bǎo mì de.

当然。这里的一切都是保密的。

예, 가족력은 무엇이든지 비밀로 지켜집니다.

Q zuò jiǎn chá shí bù néng xī yān huò hē jiǔ ma?

做检查时不能吸烟或喝酒吗?

검사 중에 담배나 술을 마시면 안 됩니까?

A : zuò jiǎn chá shí jìn zhǐ xī yān huò hē jiǔ de.

做检查时禁止吸烟或喝酒的。

검사 중에 담배와 술은 안 됩니다.

Q jiǎn chá shí fàn zěn me chī?

检查时饭怎么吃?

검사 시에 식사는 어떻게 해야 되나요?

A : jīn tiān kàn jiǎn chá jié guǒ yǐ hòu yī yuàn huì gěi nín tōng zhī de.

今天看检查结果以后医院会给您通知的。

오늘 검사 결과를 보고 병원에서 알려드리겠습니다.

Q nín yì tiān shuì jǐ gè xiǎo shí?

您一天睡几个小时?

하루에 몇 시간 정도 주무시나요?

A : yì tiān shuì 6-7 gè xiǎo shí.

一天睡 6-7个小时。

하루에 6-7시간 잡니다.

자주 사용하는 의료용어 常用医疗用语

가족력	家族病历	jiā zú bìng lì
인플루엔자	流感	liú gǎn
유행성감기	流行性感冒	liú xíng xìng gǎn mào
독감	重感冒, 流感	zhòng gǎn mào, liú gǎn
결핵	结核	jié hé
폐결핵	肺结核	fèi jié hé
용종	息肉	xī ròu
당뇨병	糖尿病	táng niào bìng
내장	内肠	nèi cháng
뇨, 소변	尿, 小便	niào, xiǎo biàn
대변	大便	dà biàn

쇼핑거리(사진 : 한국관광공사 제공)

03

증상(症狀)

환경오염물질과 환경변화 및 현대인의 균형 잡히지 않은 식단과 식생활, 운동부족, 비만, 음주행위와 흡연, 스트레스로 인한 피부병, 두통·알레르기 등의 성인병, 기타 질환의 증가로 인해 다양한 증상(症狀)이 발견되고 있다. 특히 증상은 비정상적인 행동, 신체조직의 변화와 불편함으로 인해 치료받고자 하는 사람이 치료받을 목적으로 전문의사에게 만성·급성 통증을 호소함으로써 의료서비스가 이루어지기도 한다.

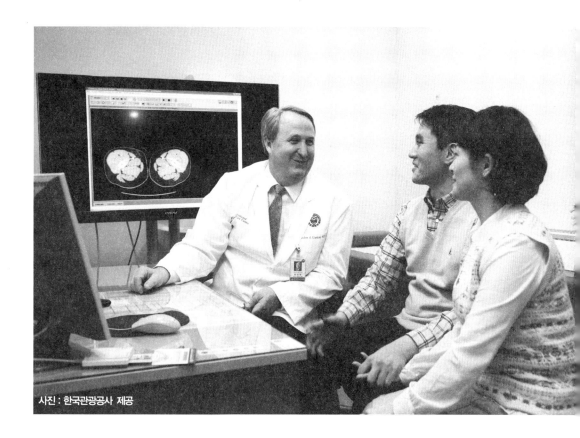

사진 : 한국관광공사 제공

증상 기본회화 症状基本会话

1. shén me shí hou chū xiàn de shāng kǒu?
什么时候出现的伤口?
상처는 언제 입은 것입니까?

2. shén me shí hou kāi shǐ yǒu le téng tòng?
什么时候开始有了疼痛?
언제부터 통증을 느끼게 되었습니까?

3. zuì jìn dào yī yuàn jiù zhěn guò méi yǒu?
最近到医院就诊过没有?
의사 선생님께 마지막 치료는 언제 받았습니까?

4. jīn tiān qíng xù zěn me yàng?
今天情绪怎么样?
오늘은 컨디션이 어떻습니까?

5. xiǎo biàn huà yàn jié guǒ chū le liáng xìng fǎn yìng.
小便化验结果出了良性反应。
소변검사에 양성반응이 나왔습니다.

증상 관련어휘 症状用语

증상을 나타내는 표현(症状表达)

쑤시는 듯한 통증	绞痛	jiǎo tòng
찌르는 듯한 통증	刺痛	cì tòng
깨질 듯한 통증	胀痛	zhàng tòng
심하게 예리한 통증	剧痛	jù tòng
무지근하게 아픔	沉甸甸的疼痛	chén diàn diàn de téng tòng
계속되는 통증	持续性疼痛	chí xù xìng téng tòng
만성적인 통증	慢性疼痛	màn xìng téng tòng
급성적인 통증	特发性疼痛	tè fā xìng téng tòng
얼얼하다	火辣辣的痛	huǒ là là de tòng
마비되다. 저리다	麻	má
벌레에 쏘인 듯한 통증	被虫子咬似的疼	bèi chóng zi yǎo shì de téng
관절을 삐다	关节扭伤了	guān jié niǔ shāng le
뒤틀다. 비틀다	扭	niǔ
관절이 어긋나다	关节脱臼	guān jié tuō jiù
다친 인대	韧带受伤	rèn dài shòu shāng

부었다	肿了	zhǒng le
골절	骨折	gǔ zhé
골절되었다	骨折了	gǔ zhé le
금이 간 골절	骨头裂了	gú tou liè le
복잡골절	复合髋臼骨折	fù hé kuān jiù gǔ zhé

머리가 아파요.	头疼	tóu téng
가벼운 두통	轻微的头痛	qīng wēi de tóu tòng
깨질 듯한 두통	剧烈头痛	jù liè tóu tòng
심한 두통입니다.	头部剧痛	tóu bù jù tòng
찌르는 듯한 두통	针刺似的头痛	zhēn cì shì de tóu tòng
눈이 아파요.	眼睛疼	yǎn jīng téng
현기증이 나요.	头晕	tóu yūn
눈이 침침해요.	眼睛模模糊糊	yǎn jīng mó mó hū hu
눈이 가려워요.	眼睛发氧	yǎn jīng fā yǎng
귀가 아파요.	耳朵疼	ěr duo téng
귀가 멀었어요.	耳朵咙了	ěr duo lóng le
귀가 울려요.	耳朵里 嗡嗡响	ěr duo lǐ wēng wēng xiǎng
목이 아픕니다.	嗓子疼	sǎng zi téng

코가 막혀요.	鼻子给塞住了	bí zǐ gěi sāi zhù le
코피가 나요.	流鼻血	liú bí xuè
이가 흔들려요.	牙在晃	yá zài huǎng
떼운 것이 떨어졌어요.	堵的牙坏了	dǔ de yá huài le
어깨가 아픕니다.	肩膀疼	jiān bǎng téng
위가 아파요.	胃疼	wèi téng
가슴이 쓰려요.	胸口疼	xiōng kǒu téng
배가 아파요.	肚子疼	dù zi téng
배탈이 났어요.	腹泻, 拉肚子	fù xiè, lā dù zi
심장이 이상해요.	心脏有些异常	xīn zàng yǒu xiē yì cháng
다리가 아픕니다.	腿疼	tuǐ téng
기분이 나빠요.	情绪低落	qíng xù dī luò
현기증이 나요.	头晕	tóu yūn
토할 것 같아요.	想吐	xiǎng tù
발진이 나요.	发疹了	fā zhěn le
감기 걸렸어요.	得了感冒	dé le gǎn mào
콧물이 나요.	流鼻涕	liú bí tì
기침이 납니다.	咳嗽	ké sòu
벌에 쏘였어요.	被蜂咬了	bèi fēng yǎo le
팔이 부러졌어요.	胳膊断了	gē bó duàn le

오한이 나요.	发寒	fā hán
열이 있어요.	发烧	fā shāo
가래가 나와요.	出痰	chū tán
숨이 가빠요.	气喘不出来	qì chuǎn bú chū lái
찌르는 듯이 아파요.	针刺似的疼痛	zhēn cì sì de téng tòng
토할 것 같아요.	想吐	xiǎng tù
빈혈인 것 같습니다.	好像是贫血	hǎo xiàng shì pín xuè
식욕이 없습니다.	没有食欲	méi yǒu shí yù
설사를 했어요.	腹泻, 拉肚子	fù xiè, lā dù zǐ
변비입니다.	便秘	biàn mì
베인 상처입니다.	刀伤, 给划的	dāo shāng, gěi huá de
곪았습니다.	化脓了	huà nóng le
고혈압입니다.	高血压	gāo xuè yā
저혈압입니다.	低血压	dī xuè yā
발목을 접었어요.	歪脚脖子	wāi jiǎo bó zǐ
손목을 접었어요.	手腕歪了	shǒu wàn wāi le
손이 부어 있어요.	手肿了	shǒu zhǒng le

✿진료기록카드에서 사용하는 약어(诊疗记录卡标记)

O/E	진찰	疹查	zhěn chá
ENT	이비인후과	耳鼻喉科	ěr bí hóu kē
RS	호흡기	呼吸器	hū xī qì
CVS	순환기, 심혈관	循环器, 心血管	xún huán qì, xīn xuè guǎn
GIS	소화기	消化器	xiāo huà qì
GUS	비뇨생식기	泌尿生殖器	mì niào shēng zhí qì
CNS	중추신경	中枢神经 系统	zhōng shū shén jīng xì tǒng
C/O	~을 전하다	由~转交	yóu~zhuǎn jiāo
T	체온	体温	tǐ wēn
P	맥박	脉搏	mài bó
BP	혈압	血压	xuè yā
HS	심율	心率	xīn lǜ
BM	장의 움직임, 배변	排便	pái biàn
B.R.P	자유로이 화장실에 가도 좋다	可以大小便	kě yǐ dà xiǎo biàn
Voided	소변의 횟수	小便次数	xiǎo biàn cì shù

증상 실용회화 症状表达实用会话

A nín nǎ lǐ bù shū fu?

您哪里不舒服?

어디가 아프신가요?

B hǎo xiàng dé le gǎn mào.

好像得了感冒。

아마, 감기에 걸린 것 같습니다.

A fā shāo ma?

发烧吗?

열이 있습니까?

B èn. yǒu diǎn.

嗯。有点。

예, (미열이) 조금 있습니다.

A hái yǒu qí tā zhèng zhuàng ma?

还有其他症状吗?

다른 증상도 있습니까?

B hái yǒu lǎo liú bí tì.

还有老流鼻涕。

예, 콧물이 계속 나옵니다.

A shén me shí hou kāi shǐ bù shū fu de?

什么时候开始不舒服的?

언제부터 불편하였습니까?

B zuó tiān kāi shǐ jiù tóu téng、yóu diǎn lěng.

昨天开始就头疼、有点冷。

어제부터 두통이 있었습니다. 약간 한기가 있습니다.

A sǎng zi téng bu téng?

嗓子疼不疼?

목도 아픈가요?

B téng.

疼。

아파요.

A ràng wǒ kàn yí xià sǎng zi, shuō shēng "ā".

让我看一下嗓子, 说声"啊"。

목을 보겠습니다. "아-"라고 이야기해 보세요.

B zhāng kāi zuǐ, "ā!"

张开嘴, "啊!"

입을 벌리시고 "아-" 해보세요.

Ⓐ sǎng zi yǒu diǎn zhǒng le。 yǒu méi yǒu tán?

嗓子有点肿了。有没有痰?

목이 약간 부었습니다. 가래도 있습니까?

Ⓑ méi yǒu.

没有。

없습니다.

Ⓐ hǎo xiàng dé liǎo zuì jìn liú xíng de jiǎ xíng H1N1 liú gǎn.

好像得了最近流行的甲型H1N1流感。

최근 유행하는 신종플루에 걸린 것 같습니다.

Ⓑ shì ma?

是吗?

그렇습니까?

Ⓐ wǒ gěi nín kāi gè yào.

我给您开个药。

약을 드리겠습니다.

Ⓑ hǎo de.

好的。

예.

Ⓐ yì tiān kǒu fú 3 huí， fàn hòu yí lì， yào fú yì zhōu.

一天口服3回，饭后一粒，要服一周。

1일 3회, 식후 한 알씩, 1주일 드세요.

B hǎo de. zhī dào le.

好的，知道了。

예, 알겠습니다.

A rú guǒ yǒu shén me yì cháng jiù dào yī yuàn lái.

如果有什么异常就到医院来。

혹시 이상이 생기면, 또 병원으로 오세요.

B hǎo de. zhī dào le.

好的，知道了。

예, 알겠습니다.

A yào zhù yì shēn tǐ.

要注意身体。

건강 조심하세요.

B xiè xiè.

谢谢。

감사합니다.

A zěn me yàng?

怎么样?

어떻습니까?

B shǒu dé liǎo shī zhěn.

手得了湿疹。

손에 습진이 생겼습니다.

A shǒu dé liǎo shī zhěn. yǎng bu yǎng?

手得了湿疹。痒不痒?

손에 습진이 생겼어요. 가렵지 않아요?

B yǎng, hǎo yǎng.

痒, 好痒。

예, 매우 가렵습니다.

A ō. shén me shí hou kāi shǐ yǎng de?

噢。什么时候开始痒的?

그래요. 언제부터 가려웠습니까?

B yǒu le 3~4 tiān le.

有了3~4天了。

3~4일이 되었습니다.

A zhī dào le. hái yǒu qí tā zhèng zhuàng ma?

知道了。还有其他症状吗?

알겠습니다. 다른 증상도 있습니까?

B méi yǒu.

没有。

아니요.

자주 나오는 증상표현 常见症状表达

Q lǎo shì ě xīn, tù le yì zhěng tiān.

老是恶心，吐了一整天。

속이 울렁거려서 하루 종일 토했습니다.

Q wǒ de wèi yòu suān yòu tòng.

我的胃又酸又痛。

속이 쓰리고 아픕니다.

Q xiōng kǒu fā mèn yǒu diǎn téng.

胸口发闷有点疼。

가슴이 답답하고 아파요.

Q sǎng zi yòu tòng yòu zhǒng.

嗓子又痛又肿。

목이 아프고 부었습니다.

𝒜 : xiù kǒu wǎn qǐ lái.

袖口挽起来。

팔을 걷어주세요.

𝒜 : wò yí xià quán tou.

握一下拳头。

주먹을 쥐어보세요.

𝒜 : dù zi zhàng le.

肚子胀了。

배에 가스가 차 있는 것 같습니다.

𝒜 : sōng kǒu qì. bú yào yòng lì.

松口气。不要用力。

숨을 편안하게 쉬시고 힘을 빼세요.

𝒜 : cè shēn tǎng yí xià.

侧身躺一下。

옆으로 누우세요.

𝒜 : yǎng wò yí xià.

仰卧一下。

똑바로 누우세요.

A : bú yào chuǎn qì.

不要喘气。

(잠시만) 숨을 쉬지 말아주세요.

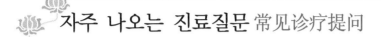

자주 나오는 진료질문 常见诊疗提问

Q píng shí hē duō shǎo jiǔ?

平时喝多少酒?

평상시에 술은 얼마나 드십니까?

A : yì zhōu 2~3 huí.

一周2~3回。

1주일에 2~3회 마십니다.

Q yān ne?

烟呢?

담배는요?

A : yì tiān chōu yì hé yǐ shàng.

一天抽一盒以上。

하루에 1갑 이상 피웁니다.

Ⓠ zǎo chén qǐ chuáng fāng biàn ma?

早晨起床方便吗?

아침에 가뿐히 일어나는지요?

Ⓐ : fāng biàn.

方便。

예, 그렇습니다.(편안합니다.)

Ⓠ pāi CT xū yào duō cháng shí jiān?

拍CT需要多长时间?

CT촬영은 시간이 얼마나 걸립니까?

Ⓐ : yì bān xū yào 10~15 fēn zhōng.

一般需要10~15分钟。

보통 10~15분 걸립니다.

Ⓠ niào yán sè zěn me yàng?

尿颜色怎么样?

소변 색깔은 어떻습니까?

Ⓐ : píng shí shì huáng sè.

平时是黄色。

평상시에는 노랗습니다.

Q dà biàn píng jūn yì tiān yǒu jǐ huí?

大便平均一天有几回?

대변은 하루에 평균 몇 번 정도인가요?

A : yì bān yì tiān yǒu yì huí.

一般一天有一回。

일반적으로 1일 1회 정도입니다.

Q zhè jiǎn chá shì zuò shén me de?

这检查是做什么的?

이 검사는 무엇을 하는 것인가요?

A : liáng xuè yā de.

量血压的。

혈압을 재는 것입니다.

자주 사용하는 의료용어 常见医疗用语

식중독	食物中毒	shí wù zhōng dú
구토	呕吐	ǒu tǔ
폐렴	肺炎	fèi yán
두드러기	风疹(起泡)	fēng zhěn(qǐ pào)
수액	点滴	diǎn dī
조영제	造影剂	zào yǐng jì
신종플루	甲型H1N1流感	jiǎ xíng H1N1 liú gǎn
금식	禁食	jìn shí
맥박	脉搏	mài bó
협심증	心绞痛	xīn jiǎo tòng
경련	痉挛	jìng luán

04

병원설비
(医院设备)

병원의 건물구조 및 설비는 의료의 특성 및 발달과 병원을 이용하는 각계각층의 다양한 욕구와 병원 이용목적의 차별성으로 인해 복잡한 구조와 설계뿐만 아니라 다양한 설비가 요구된다. 특히 병원을 방문하는 환자, 입원환자 및 동반가족을 위해 환자의 치료 개선과 편의시설 및 병원설비를 준비해야 한다. 최근 병원은 외래진료부, 입원진료부, 진료지원부, 보조부문으로 구성되며, 병원의 규모에 따라 임상진료 각과와 간호부서 및 임상 각 과로 나누어 24시간 비상체계를 위한 편의시설 및 세분화된 진료과목을 설치하기도 한다.

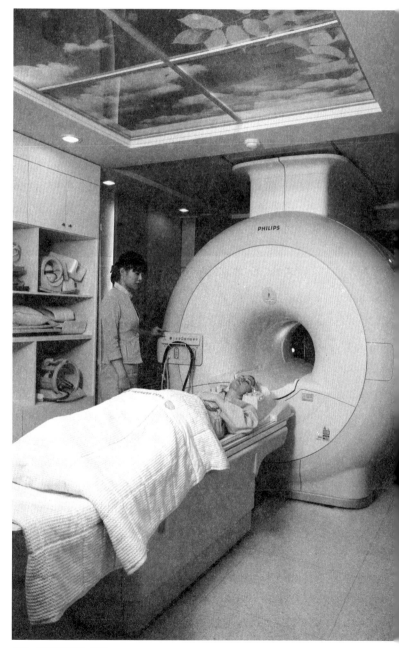

사진 : 한국관광공사 제공

병원설비 기본회화 医院设备基本会话

1. fàng shè xiàn kē zài nǎr?

   放射线科在哪儿?

   방사선과는 어디입니까?

2. zǒu lóu tī, xià mian yǒu yá kē.

   走楼梯, 下面有牙科。

   계단을 내려가서 치과로 가세요.

3. pí fū kē zuǒ miàn jiù shì.

   皮肤科左面就是。

   피부과의 왼쪽에 있습니다.

4. qù pāi X guāng xiàn zěn me zǒu?

   去拍X光线怎么走?

   엑스선 촬영을 하려면 어디로 가면 됩니까?

5. chéng diàn tī 3 lóu jiù yǒu.

   乘电梯3楼就有。

   엘리베이터로 3층에 가시면 바로 있습니다.

병원설비 관련어휘 医院设备用语

병실의 설비(病房设备)

chuáng 床 침대	chuáng dān 床单 침대 시트	chuáng zhào 床罩 침대 커버
chuáng diàn 床垫 매트리스	tǎn zi 毯子 담요	diàn rè tǎn 电热毯 전기담요
zhěn tou 枕头 베개	shì nèi fú 室内服 실내복	wèi shēng jiān 卫生间 화장실
mǎ tǒng 马桶 변기	niào pén 尿盆 변기	niào bù 尿布 기저귀
dēng guāng 灯光 등불, 불빛	diàn dēng 电灯 전등	kāi guān 开关 전등스위치
yī mào guì 衣帽柜 라커	tóng xīn chā tóu 同心插头 콘센트	chā tóu 插头 플러그

yī jià 衣架 양복걸이	chōng xǐ 冲洗 샤워	guàn xǐ qì 盥洗器 세면기
máo jīn 毛巾 타월	zhǐ jīn 纸巾 종이 수건	jìng zi 镜子 거울
yá gāo 牙膏 치약	yá shuā 牙刷 칫솔	lā jī tǒng 垃圾桶 쓰레기통

의사용 용구 · 비품(医生用用具和备品)

bái dà guà 白大褂 하얀 가운	xìng míng kǎ 姓名卡 이름표	chuán hū jī 传呼机 호출기
tīng zhěn qì 听诊器 청진기	jiǎn dāo 剪刀 가위	shǒu diàn tǒng 手电筒 손전등
ěr jìng 耳镜 이경	yàn guāng jìng 验光镜 검안경	xuè yā jì 血压计 혈압계

병원 내의 다른 설비(医院其他设备)

집중치료실	集中治疗室	jí zhōng zhì liáo shì
물리치료실	物理治疗室	wù lǐ zhì liáo shì
작업치료실	手工治疗室	shǒu gōng zhì liáo shì
언어훈련실	语言训练室	yǔ yán xùn liàn shì
리허빌리테이션	康复病房	kāng fù bìng fáng
머터니티 클리닉	产科诊所	chǎn kē zhěn suǒ

위치 관련 표현(表达方向)

zài ~ páng biān。
在 ~ 旁边。
~의 옆에 있습니다.

---

zài ~ qián miàn(hòu miàn)。
在~前面(后面)。
~의 앞(뒤)에 있습니다.

---

zài ~ duì miàn。
在~对面。
~의 맞은편에 있습니다.

---

lù guò ~ jiù shì。
路过~就是。
~을 지나면 바로 있습니다.

zài A yǔ B de zhōng jiān。
在A与B的中间。
A와 B 사이에 있습니다.

zǒu láng de jìn tóu jiù shì。
走廊的尽头就是。
복도의 맞닥뜨린 곳에 있습니다.

zài zuǒ biān(yòu biān)。
在左边(右边)。
왼쪽(오른쪽)에 있습니다.

zuǒ biān de dì sān gè mén jiù shì。
左边的第三个门就是。
왼쪽 3번째 문입니다.

병원시설 실용회화 医院设施实用会话

[A] qǐng wèn xiǎo ér kē zài nǎr?

请问小儿科在哪儿?

소아과는 어디인가요?

[B] qǐng dào 2 lóu.

请到2楼。

2층으로 가세요.

[A] ěr bí yān hóu kē zěn me zǒu?

耳鼻咽喉科怎么走?

이비인후과로 가려면 어떻게 가면 좋을까요?

[B] yī lóu jiù yǒu.

一楼就有。

1층으로 가세요.

[A] qǐng wèn, fù chǎn kē bìng fáng zài nǎr?

请问，妇产科病房在哪儿?

미안합니다만 산부인과 병동은 어디인가요?

B fù chǎn kē bìng fáng zài 5 lóu,

妇产科病房在5楼,

산부인과 병동은 5층에 있습니다.

chéng diàn tī yán zǒu láng zǒu jiù shì.

乘电梯沿走廊走就是。

엘리베이터를 타고 가서 연결 통로를 따라가시면 됩니다.

A fàng shè xiàn kē zěn me zǒu?

放射线科怎么走?

방사선과는 어디로 갑니까?

B zuǒ biān hái yǒu gè mén, kāi mén jìn qù jiù shì.

左边还有个门, 开门进去就是。

왼쪽에 또 하나의 문이 있는데 그 문을 열고 들어가시면 됩니다.

A zhù yuàn fèi zài nǎr fù kuǎn?

住院费在哪儿付款?

어디에서 입원비를 정산하면 되나요?

B yī lóu yǒu yuàn wù kē, zài nà lǐ fù kuǎn。

一楼有院务科, 在那里付款。

1층 원무과에서 계산하시면 됩니다.

A duì bù qǐ wǒ xiǎng bài fǎng yí wèi péng you,
对不起我想拜访一位朋友,
미안합니다. 친구를 병문안하려고 합니다
qǐng wèn 505 hào bìng fáng zài nǎr?
请问505号病房在哪儿?
505호실 병실은 어디에 있습니까?

B yì zhí zǒu zuǒ biān jiù shì.
一 直走左边就是。
여기에서 곧바로 가시면 왼쪽입니다.

A wǒ xiǎng yòng kāi shuǐ, qǐng wèn shāo shuǐ fáng zài nǎr?
我想用开水, 请问烧水房在哪儿?
뜨거운 물이 필요합니다만 탕비실은 어디에 있습니까?

B rào zhe zhèi ge qiáng wǎng zǒu láng zǒu, lù guò diàn tī yòu miàn jiù shì.
绕着这个墙往走廊走, 路过电梯右面就是。
이 벽을 돌아서 복도 쪽으로 가시면, 엘리베이터를 지나면 오른쪽에 있습니다.

A duì bù qǐ, wǒ xiǎng xǐ máo jīn, zhè ge lóu yǒu xǐ yī fáng ma?
对不起, 我想洗毛巾, 这个楼有洗衣房吗?
죄송합니다만 타월을 세탁하고 싶습니다.
이 층에 세탁실이 있나요?

B wǎng qián zǒu yì diǎn zuǒ biān jiù shì.

往前走一点左边就是。

앞으로 조금 가서서 바로 왼쪽에 있습니다.

자주 나오는 의료질문 常见医疗提问

Q zhè shè bèi shì jiǎn chá shén me de?

这设备是检查什么的?

이 장비는 무엇을 검사하는 것인가요?

Q shén me shí hou liàng xuě yā zuì hǎo?

什么时候量血压最好?

혈압은 언제 재는 것이 좋습니까?

Q cè liáng tǐ chéng fen hé tǐ zhī fáng zhī qián bù xǔ chī fàn ma?

测量体成分和体脂肪之前不许吃饭吗?

체성분과 체지방 측정 시에는 금식을 해야 하나요?

Q xīn diàn tú jiǎn chá xū yào duō cháng shí jiān?

心电图检查需要多长时间?

심전도(ECG) 검사는 어느 정도 시간이 걸리나요?

zěn me jiǎn cè yǎn yā?

怎么检测眼压?

안압은 어떻게 측정하는 것인가요?

zài nǎ gè gē bo mǒ le gāo yào?

在哪个胳膊抹了膏药?

어느 쪽 팔에 크림을 바르셨습니까?

fèi jiǎn chá shì jiǎn chá kōng qì liàng hé liú liàng de wú tòng jiǎn chá ma?

肺检查是检查空气量和流量的无痛检查吗?

폐 검사는 공기량과 유량을 재는 무통검사인가요?

jiǎn chá shì lì de shí hou téng ma?

检查视力的时候疼吗?

시력검사를 할 때 아픈가요?

nèi jìng jiǎn chá xū yào duō cháng shí jiān?

内镜检查需要多长时间?

내시경 검사는 시간이 얼마나 걸립니까?

jiǎn chá shén me?

检查什么?

무엇을 검사하나요?

자주 사용하는 의료용어 常用医疗用语

체지방도	体脂肪度	tǐ zhī fáng dù
안압	眼压	yǎn yā
주먹	拳头	quán tóu
부피	体积	tǐ jī
폐쇄성	封闭性	fēng bì xìng
제한성	限制性	xiàn zhì xìng
천식	哮喘病	xiāo chuǎn bìng
원거리 시력검사	远视眼检查	yuǎn shì yǎn jiǎn chá
근거리 시력검사	近视眼检查	jìn shì yǎn jiǎn chá
안저촬영	眼底摄影	yǎn dǐ shè yǐng
소독액	消毒液	xiāo dú yè
내시경 검사	内镜检查	nèi jìng jiǎn chá
약물	药物	yào wù
산소공급	供氧	gòng yǎng
초음파 검사	超声波检查	chāo shēng bō jiǎn chá
자궁암 검사	子宫癌检查	zǐ gōng ái jiǎn chá
항생제	抗生素	kàng shēng sù
염증	炎症	yán zhèng
봉합	缝合	féng hé

시내야경(사진 : 한국관광공사 제공)

응급진료(紧急治疗)

응급진료[2]란 응급환자의 질병이나 분만, 각종 사고 및 재해로 인한 부상이나 기타 응급상태에서 필요한 응급처치를 즉시 하지 않으면 생명을 보존할 수 없거나 심신상 중대한 위해가 초래될 것으로 판단되는 환자로서 응급의료에 관한 법률 제2조 1항에 제시한 응급증상 및 이로 인하여 진행될 가능성이 있다고 응급의료기관 종사자가 판단하는 응급증상을 말한다. 응급진료는 응급환자에 대한 의료서비스가 제공되거나 수시간 내에 의료서비스가 제공되지 않으면 생명이나 신체적인 기능에 결정적인 문제를 일으킬 수 있는 긴급한 상황에 대한 진료 의료서비스이다.

사진 : 한국관광공사 제공

---

2) 고성진 외, 보건행정학, 2007, pp. 349-350.

응급진료 기본회화 紧急治疗基本会话

1. hái zi zài tái jiē shàng shuāi le yì jiāo。
   孩子在台阶上摔了一跤。
   아이가 계단에서 떨어졌습니다.

2. gěi wǒ jiào yī shēng lái.
   给我叫医生来。
   의사 선생님을 불러주세요.

3. píng shí chī shén me yào?
   平时吃什么药?
   평상시에 드시는 약이 있으십니까?

4. nín zhī bù zhī dào xiàn zài zài nǎr?
   您知不知道现在在哪儿?
   여기가 어딘지 알겠습니까?

5. shǒu zhǐ tou kě bù kě yǐ dòng yí xià?
   手指头可不可以动一下?
   손가락을 움직일 수 있습니까?

응급진료 관련어휘 紧急治疗用语

✿COWS(紧急患者基本确认及指示)

들립니까?	听见吗?	tīng jiàn ma?
눈을 떠보세요.	睁开眼睛。	zhēng kāi yǎn jīng。
이름을 말해 보세요.	叫什么名字?	jiào shí me míng zì?
손을 쥐어보세요.	握一下拳头。	wò yī xià quán tóu。

✿RICE(紧急治疗措施)

R(Rest)	휴식	休息	xiū xī
I(Ice)	냉찜	冰敷	bīng fū
C(Compression)	압박	压迫	yā pò
E(Elevation)	거상, 높이 올리다	抬高	tái gāo

❋AMPLE(紧急措施需确认事项)

A(过敏) Allergies	yǒu méi yǒu guò mǐn? 有没有过敏? 알레르기가 있습니까?
M(药物) Medication	píng shí chī shén me yào? 平时吃什么药? 평소에 무슨 약을 복용하고 있습니까?
P(既往病史) Past Medical History	dé guò dà bìng ma? 得过大病吗? 큰 병에 걸린 적이 있습니까?
L(上一餐) Last Meal	shàng yì cān shì shén me shí hou chī de? 上一餐是什么时候吃的? 마지막 음식은 언제 드셨습니까?
E(事件) Events	zěn me nòng chéng zhè yàng zi de? 怎么弄成这样子的? 무엇을 하다 이렇게 되었습니까?

❋4B's(紧急措施顺序)

Breathing	호흡	呼吸	hū xī
Bleeding	출혈	出血	chū xuè
Burns	화상	烧伤	shāo shāng
Bones	골격	骨骼	gǔ gé

응급진료에 관한 용어(紧急治疗用语)

jiāo tōng shì gù 交通事故 교통사고	zhuì luò 坠落 추락	gǔ zhé 骨折 골절
shāo shāng 烧伤 화상	dāo shāng 刀伤 베인 상처	cuò shāng 挫伤 찰과상
cì shāng 刺伤 찔린 상처	nì shuǐ shì gù 溺水事故 수몰 사고	diào jìn shuǐ lǐ 掉进水里 물에 빠짐
yū xuè qīng kuài 淤血青块 멍	diē dǎ sǔn shāng 跌打损伤 접질린 부상	liú xuè 流血 출혈
huá shāng 划伤 찢어진 상처	zhì xī 窒息 질식	xīn zāng bìng fā zuò 心脏病发作 심장발작
tóu yào 投药 투약	chù zhì 处置 처치	shǒu shù 手术 수술
má zuì 麻醉 마취	jiǎn chá 检查 검사	jiā tíng zhì liáo 家庭治疗 재택치료

응급진료 실용회화 紧急治疗实用会话

A wǒ bà tū rán hūn le guò qù,

我爸突然昏了过去,

아버지가 갑자기 의식을 잃고 쓰러지셨습니다.

néng bù néng pài yí liàng jiù hù chē?

能不能派一辆救护车?

구급차를 보내주세요.

B yǒu hū xī ma?

有呼吸吗?

호흡은 하고 있습니까?

A hǎo xiàng shì yǒu hū xī.

好像是有呼吸。

호흡은 하시는 듯합니다.

B hǎo de, wǒ men mǎ shàng pài jiù hù chē.

好的, 我们马上派救护车。

네, 곧 구급차를 보내겠습니다.

jiā lǐ de diàn huà hào mǎ hé xìng míng gào sù wǒ yí xià.

家里的电话号码和姓名告诉我一下。

집 전화번호와 이름을 알려주세요.

Ⓐ líng yí líng yí èr sān sì wǔ liù qī bā.

010-1234-5678。

010-1234-5678.

Ⓑ nǐ bà ba yǒu méi yǒu bìng?

你爸爸有没有病?

아버지께서 어떤 지병이 있으신지요?

Ⓐ xuè yā gāo píng shí chī jiàng xuè yā de yào.

血压高平时吃降血压的药。

혈압이 높아서 평상시에 혈압 낮추는 약을 복용하였습니다.

Ⓑ nà jiù bǎ nà yào ná huí lái ba.

那就把那药拿回来吧。

그 약을 가지고 오세요.

Ⓐ hǎo de. zhè lǐ yǒu.

好的。这里有。

예, 여기에 있습니다.

Ⓑ zhǔ zhì yī shì shéi?

主治医是谁?

담당 의사 선생님은 누구시지요?

Ⓐ guó jì yī yuàn de jīn dài fū. zhè shì tā de diàn huà hào mǎ.

国际医院的金大夫。这是他的电话号码。

국제병원의 김선생입니다. 그분의 전화번호입니다.

Ⓑ nà hǎo, qù yī yuàn ba, nín yě gēn wǒ men yì qǐ zǒu ba.

那好，去医院吧，您也跟我们一起走吧。

그럼, 병원으로 이동하겠습니다. 동승해 주세요.

Ⓐ lǐ chéng zhé xiān shēng tīng jiàn ma?

李承哲先生听见吗?

이승철 씨 들리십니까?

Ⓑ gào sù wǒ men zěn me huí shì.

告诉我们怎么回事。

어떤 일이신지 설명해 주세요.

Ⓐ tū rán jiù hūn dǎo de.

突然就昏倒的。

갑자기 쓰러졌습니다.

Ⓑ wǒ chuǎn bù liǎo qì.

我喘不了气。

호흡을 할 수 없습니다.

Ⓐ xiōng kǒu bèi shén me gěi yà zhe.

胸口被什么给压着。

가슴이 무엇에 눌린 듯합니다.

95

A wǎn shàng kāi shǐ jiù yǒu fù tòng jiù xiàng lái le lì jià shì de,

晚上开始就有腹痛就像来了例假似的,

저녁부터 생리하는 것처럼 복통이 있었습니다.

xiàn zài liú xiě ne.

现在流血呢。

지금은 출혈이 있습니다.

B liú de xuè duō ma?

流的血多吗?

출혈량은 많습니까?

A jiǔ xiàng lì jià shí hòu yī yàng liáng hěn duō.

就像例假时候一样量很多。

생리할 때처럼 많은 양입니다.

xiàn zài hái liú ne.

现在还流呢。

지금도 흐르고 있습니다.

B xiàng shì liú chǎn, kuài qù jí jiù shì ba.

像是流产, 快去急救室吧。

유산인 듯합니다. 긴급 응급실로 와주세요.

자주 나오는 증상표현 常见症状表达

bǎo chí ān jìng xiū xī wéi hǎo.

保持安静休息为好。

안정을 취하시는 것이 좋습니다.

yào zuò yí xià nèi zhěn,

要做一下内诊,

내진을 하려고 합니다.

tuǐ shēn zhí yǐ hòu lā kāi。

腿伸直以后拉开。

무릎을 세우고 다리를 벌리세요.

qǐng yòng lì. / bú yào yòng lì.

请用力。/不要用力。

힘주세요. / 힘주지 마세요.

dù zi jīng cháng fā zhàng.

肚子经常发胀。

배가 자주 거북해요.

Q dù zi méi yǒu tòng.
肚子没有痛。
배는 아프지 않습니다.

Q xīn zàng pū tōng pū tōng tiào.
心脏扑通扑通跳。
심장이 두근두근거립니다.

Q chuǎn bù shàng qìr lái.
喘不上气来。
숨이 찹니다.

Q fā yùn.
发晕。
어지럽습니다.

Q xiě huán zài liú.
血还在流。
피가 아직도 흐릅니다.

Q shǒu hé tuǐ dōu zhǒng le.
手和腿都肿了。
손과 다리가 모두 부었습니다.

자주 나오는 의료질문 常见医疗提问

Q yè jiān yě zhěn liáo ma?

夜间也诊疗吗?

야간에도 진료를 하십니까?

A : shì de. yè jiān yě zhěn liáo.

是的。夜间也诊疗。

예, 야간 진료도 가능합니다.

Q shēng lǐ zhōu qī zhèng cháng ma?

生理周期正常吗?

생리주기가 규칙적인가요?

A : shēng lǐ bù shùn.

生理不顺。

생리가 불규칙적입니다.

Q nín shū guò xiě ma?

您输过血吗?

수혈을 받은 적이 있습니까?

A : niàn chū zhōng de shí hòu shū guò yì huí.

念初中的时候输过一回。

중학교 때 수혈을 한번 한 적이 있습니다.

Q dòng guò dāo ma?

动过刀吗?

수술받은 적이 있습니까?

A : méi yǒu.

没有.

아니요, 없습니다.

Q xiàn zài chī yào ma?

现在吃药吗?

현재 복용 중인 약이 있습니까?

A : chī ā sī pǐ lín.

吃阿司匹林。

아스피린을 복용합니다.

Ⓠ yǒu méi yǒu jí bìng?

有没有疾病?

다른 질병이 있습니까?

Ⓐ : yǒu gāo xuè yā.

有高血压。

고혈압이 있습니다.

Ⓠ yǒu méi yǒu shēng guò hái zi huò liú guò chǎn?

有没有生过孩子或流过产?

출산이나 유산한 경험이 있습니까?

Ⓐ : méi yǒu。

没有。

없습니다.

자주 사용하는 의료용어 常用医疗用语

수혈	输血	shū xuè
임신	怀孕	huái yùn
출산	生产	shēng chǎn
빈혈	贫血	pín xuè
입덧	孕吐	yùn tǔ
철분제	补铁药	bǔ tiě yào
태아	胎儿	tāi ér
양수	羊水	yáng shuǐ
진통	产痛	chǎn tòng
탯줄	脐带	qí dài
유산	流产	liú chǎn

병원예약(医院预約)

병원 이용자의 효율적인 병원예약관리[3]로 병원의 진료능력, 진료시간 계획, 환자편의 등을 고려하여 내원환자 수를 요일별, 일자별, 시간대별로 조정하여 예약을 진행하고 있다. 병원예약은 환자가 병원에 직접 내원하거나, 전화·팩스 및 홈페이지를 이용하는 방법이 있다. 재진은 대부분 진료가 끝난 후 진료비를 계산할 때 다음 진료일시를 예약하지만, 초진의 경우는 환자가 내원하지 않고도 예약할 수 있으며, 최근 인터넷을 통한 예약제도가 편리하게 되어 있다.

사진 : 한국관광공사 제공

---

3) 박우성 외, 병원경영정보관리, 2008, p. 74.

병원예약 기본회화 医院预約基本会话

1. jiù zhěn xū yào yù yuē ma?
   就诊需要预约吗?
   진찰은 예약이 필요합니까?

2. xià zhōu èr kě yǐ ma?
   下周二可以吗?
   다음 주 화요일에 오실 수 있습니까?

3. nà tiān wǒ yǒu shì.
   那天我有事。
   그날은 사정이 있습니다.

4. zhōu wǔ ne?
   周五呢?
   금요일은 어떻습니까?

5. jǐ diǎn dào yī yuàn?
   几点到医院?
   몇 시에 의원으로 오면 되겠습니까?

병원예약 관련어휘 医院预約用语

❀시간(时间)

(1) 시(点)

1시	2시	3시	4시	5시
一点	两点	三点	四点	五点
6시	7시	8시	9시	10시
六点	七点	八点	九点	十点
11시	12시	몇 시		
shí yī diǎn	shí èr diǎn	jǐ diǎn		
十一点	十二点	几点		

(2) 분(分)

1分	2分	3分	4分
一分	二分	三分	四分
5分	6分	7分	8分
五分	六分	七分	八分
9分	10分	11分	몇 분
jiǔ fēn	shí fēn	shí yī fēn	jǐ fēn(zhōng)
九分	十分	十一分	几分(钟)

❀요일(星期)

일요일 zhōu rì 周日	월요일 zhōu yī 周一	화요일 zhōu èr 周二	수요일 zhōu sān 三
목요일 zhōu sì 周四	금요일 zhōu wǔ 周五	토요일 zhōu liù 周六	무슨 요일 zhōu jǐ 周几

❀때를 나타내는 말(时辰)

시각 shí kè 时刻	새벽 líng chén 凌晨	아침 zǎo chén 早晨	오전 중 shàng wǔ 上午	정오 zhèng wǔ 正午
낮 bái tiān 白天	밤 yè jiān 夜间	오전 shàng wǔ 上午	오후 xià wǔ 下午	이미 yǐ jīng 已经
아직 hái méi 还没	곧 kuài 快	아까 gāng cái 刚才	지금 xiàn zài 现在	이윽고 rán hòu 然后
저녁 wǎn shàng 晚上	밤중 yè lǐ 夜里	천천히 màn màn ér 慢慢儿	빠르다 kuài 快	느리다 màn 慢
이번 zhè huí 这回	다음에 xià yì huí 下一回	미리 tí qián 提前	우선 shǒu xiān 首先	먼저 xiān 先

❀과거 · 현재 · 미래(过去, 现在, 未来)

	그저께 qián tiān 前天	어제 zuó tiān 昨天	오늘 jīn tiān 今天	내일 míng tiān 明天	모레 hòu tiān 后天	매일 měi tiān 每天
(날) 天	그저께 qián tiān 前天	어제 zuó tiān 昨天	오늘 jīn tiān 今天	내일 míng tiān 明天	모레 hòu tiān 后天	매일 měi tiān 每天
(주) 周	지지난 주 shàng shàng yì zhōu 上上一周	지난 주 shàng yì zhōu 上一周	이번 주 zhè zhōu 这周	다음 주 xià yì zhōu 下一周	다다음주 xià xià yì zhōu 下下一周	매주 měi zhōu 每周
(월) 月	지지난 달 shàng shàng gè yuè 上上个月	지난 달 shàng gè yuè 上个月	이번 달 zhè gè yuè 这个月	다음 달 xià gè yuè 下个月	다다음달 xià xià gè yuè 下下个月	매달 měi yuè 每月
(년) 年	재작년 qián nián 前年	작년 qù nián 去年	금년 jīn nián 今年	내년 míng nián 明年	내후년 lái nián 来年	매년 měi nián 每年

병원예약 실용회화 医院预約实用会话

A xiǎng yù dìng yí xià tǐ jiǎn.

想预定一下体检。

건강진단 예약을 하고 싶습니다.

B nín xī wàng shén me shí hòu zuò tǐ jiǎn?

您希望什么时候做体检?

건강진단을 언제쯤 하시길 희망하십니까?

A zǎo chén dì yī shí jiān ba.

早晨第一时间吧。

아침 제일 빠른 시간으로 잡아주세요.

dì yī shí jiān shì jǐ diǎn?

第一时间是几点?

제일 빠른 시간은 언제인가요?

B xià zhōu sì 9 diǎn zěn me yàng?

下周四9点怎么样?

다음 주 목요일 9시에는 어떻습니까?

A hǎo de, nà jiù xià zhōu sì 9 diǎn ba.

好的，那就下周四9点吧。

네, 그럼 다음주 목요일 9시로 하겠습니다.

bài tuō!

拜托!

부탁드립니다.

B qǐng gào sù wǒ, nín de xìng míng、

请告诉我，您的姓名、

chū shēng nián yuè rì hé diàn huà hào mǎ.

出生年月日和电话号码。

성함과 생년월일, 전화번호를 말씀해 주세요.

A wǒ jiào wáng míng,

我叫王明,

이름은 왕밍입니다.

1976 nián 8 yuè 12 rì shēng.

1976年8月12日生。

생년월은 1976년 8월 12일이며,

diàn huà hào mǎ shì yī èr sān sì wǔ liù qī bā.

电话号码是1234-5678。

전화번호는 1234-5678입니다.

B nín kě bù kě yǐ tí qián 3 tiān dào jiǎn chá shì,

您可不可以提前3天到检查室,

zuò xuè yè jiǎn chá?

做血液检查?

검진 3일 전에 검사실로 오셔서 혈액검사를 하실 수 있겠습니까?

dàng tiān jiù néng dé dào jié guǒ.

当天就能得到结果。

검진 당일에 결과가 나올 수 있습니다.

A jiǎn chá shì 8 diǎn jiù kāi mén suí shí lái dōu kě yǐ,

检查室8点就开门随时来都可以,

검사실은 8시부터 열기 때문에 편리한 시간에 오시면 됩니다.

jiǎn chá shí tí qián 12 gè xiǎo shí yào jìn shí de.

检查时提前12个小时要禁食的。

검사하시기 12시간 전부터 금식해 주세요.

shuǐ huò kā fēi jìn liàng bié hē.

水或咖啡尽量别喝。

물과 커피는 가급적 삼가주세요.

A nǚ ér de tǐ jiǎn xī wàng yóu jīn xī kūn dài fū lái zuò.

女儿的体检希望由金熙坤大夫来做。

딸의 건강진단은 김희곤 선생님으로 예약하고 싶습니다.

B jīn xī kūn dài fū gěi yuē mǎn le,

金熙坤大夫给约满了,

김희곤 선생님의 예약은 다 찼습니다.

xià gè yuè cái néng chōu chū shí jiān。

下个月才能抽出时间。

다음 달에야 시간이 가능합니다.

A shàng zhōu bān de jiā,

上周般的家,

지난주에 이사를 해서

zhè zhōu bì xū děi xiàng gōng sī

这周必须得向公司

jiāo chū jiàn kāng zhèng míng cái xíng。

交出健康证明才行。

이번 주에는 회사에 건강진단서를 제출해야 합니다.

B nà me rú guǒ yǒu qǔ xiāo yù yuē de

那么如果有取消预约的

그럼 혹시 취소된 예약이 있으면

jiù gěi wǒ dǎ gè diàn huà ba。

就给我打个电话吧。

제게 전화 연락을 주세요.

A qí tā dài fū yě kě yǐ.

其他大夫也可以。

다른 선생님도 좋습니다.

B lǐ yǒng zhèn dài fū zhè zhōu wǔ liǎng diǎn kě yǐ gěi zuò tǐ jiǎn.

李永镇大夫这周五两点可以给做体检。

이영진 선생님이라면 이번 주 금요일 2시에 예약 가능합니다.

A nà jiù ràng lǐ yǒng zhèn dài fū lái zuò ba.

那就让李永镇大夫来做吧。

그럼, 이영진 선생님의 예약을 부탁드립니다.

A wǒ xiǎng dǎ gǎn mào yù fáng zhēn.

我想打感冒预防针。

감기 예방 접종을 받고 싶습니다.

B xiàn zài kě yǐ dǎ ma?

现在可以打吗?

지금 맞을 수가 있을까요?

A děi xiān yù yuē cái xíng. nín shén me shí hòu néng lái?

得先预约才行。您什么时候能来?

예약을 먼저 하셔야 합니다. 언제 오실 수 있습니까?

B xià wǔ jǐ diǎn dōu xíng.

下午几点都行。

오후에는 언제든지 가능합니다.

자주 나오는 의료질문 常见医疗提问

Q tǐ jiǎn xū yào duō cháng shí jiān?

体检需要多长时间?

건강진단은 몇 시간 걸리는지요?

A : yì bān nǚ xìng wéi 3 gè xiǎo shí,

一般女性为3个小时,

nán xìng wéi 2 gè bàn xiǎo shí.

男性为2个半小时。

보통 여성은 3시간, 남성은 2시 30분 걸립니다.

Q tǐ jiǎn jié guǒ shén me shí hòu néng shōu dào?

体检结果什么时候能收到?

건강진단 검사 결과는 언제 받아볼 수 있는지요?

A : yì bān 2~3 tiān yǐ hòu ba.

一般2~3天以后吧。

평균 2~3일이 소요됩니다.

Q yì bān shén me shí hòu téng?

一般什么时候疼?

주로 언제 아프십니까?

A : chī guò fàn hòu wèi jiù téng.

吃过饭后胃就疼。

식사한 후에 위가 아픕니다.

Q zhuān xiàng jiǎn cè dàng tiān kě yǐ zuò ma?

专项检测当天可以做吗?

정밀검사는 당일 가능합니까?

A : kě yǐ。

可以。

가능합니다.

Q zhōng cān、hán cān děng kě yǐ xuǎn ma?

中餐、韩餐等可以选吗?

중식, 한식 등 선택이 가능한가요?

A : xuǎn bù liǎo. zhè lǐ zhǐ tí gōng hán cān.

选不了。这里只提供韩餐。

선택하실 수 없습니다, 이곳에서는 한식만 제공됩니다.

115

Q shǒu shù yǐ hòu yǒu shén me fù zuò yòng?

手术以后有什么副作用?

수술 후에는 어떤 부작용이 있나요?

A : gēn jù shǒu shù de zhǒng lèi dōu bù yí yàng.

根据手术的种类都不一样。

수술의 종류에 따라 다릅니다.

Q xī yān duì yǎn jīng yǒu hài ma?

吸烟对眼睛有害吗?

흡연은 눈에 나쁜가요?

A : bìng bù nà yàng.

并不那样。

그렇지는 않습니다.

Q shén me shí hòu qǐ chū nóng de?

什么时候起出脓的?

언제부터 고름이 나오기 시작했습니까?

A : yǒu jǐ tiān le.

有几天了。

며칠 되었습니다.

환자정보(患者情況)

환자의 기본정보(키 · 몸무게 · 체온 · 혈압) 조사는 수술 이전 또는 이후에 환자의 간호, 급식, 투약뿐만 아니라 환자의 기본정보를 통하여 수술시간, 수술방법, 투약하는 방법, 치료시간, 치료방법 및 회복시간, 회복방법을 찾아내기 위해 기초자료로서 매우 중요한 부분을 차지한다.

사진 : 한국관광공사 제공

환자정보 기본회화 患者情况基本会话

1. wǒ shì lái tǐ jiǎn de.

  我是来体检的。

  건강진단하러 왔습니다.

2. nà jiù xiān liàng shēn gāo、tǐ zhòng、xuè yā.

  那就先量身高、体重、血压。

  그럼 먼저 키와 체중, 혈압을 재겠습니다.

3. pī zhè jiàn bái dà guà zài zhè lǐ děng yí xià.

  披这件白大褂在这里等一下。

  이 가운을 입고 여기서 기다려주십시오.

4. shēn gāo ne?

  身高呢?

  신장은 몇 센티입니까?

5. liàng yí xià xuè yā.

  量一下血压。

  혈압을 재보겠습니다.

환자정보 관련어휘 患者情况用语

진료과(诊疗科)

내과	内科	nèi kē
외과	外科	wài kē
소화기과	消化科	xiāo huà kē
뇌신경외과	脑神经外科	nǎo shén jīng wài kē
소아과	小儿科	xiǎo ér kē
피부과	皮肤科	pí fū kē
비뇨기과	泌尿科	mì niào kē
이비인후과	耳鼻喉科	ěr bí hóu kē
정신과	精神科	jīng shén kē
안과	眼科	yǎn kē
치과	牙科	yá kē
산부인과	妇产科	fù chǎn kē
흉부외과	胸部外科	xiōng bù wài kē
방사선과	放射线科	fàng shè xiàn kē
마취과	麻醉科	má zuì kē
순환기과	循环器官科	xún huán qì guān kē
정형외과	骨科	gǔ kē
성형외과	整形外科	zhěng xíng wài kē

키·몸무게·체온·혈압 등의 단위(身高, 体重, 体温, 血压, 等单位)

tǐ wēn 体温 체온	tǐ wēn jì 体温计 체온계
huá shì 华氏 화씨	shè shì 摄氏 섭씨
píng shí tǐ wēn 平时体温 평상시 체온	fā rè 发热 발열
gāo xuè yā 高血压 고혈압	dī xuè yā 低血压 저혈압
lí mǐ 厘米 센티미터(cm)	gōng jīn 公斤 킬로그램(kg)
yīng cùn 英寸 인치(inch)	yīng chǐ 英尺 피트(feet)
bàng 磅 파운드(pound)	dūn 噸 톤(tone)

환자정보 실용회화 患者情况实用会话

Ⓐ shēn gāo ne?

身高呢?

신장은 얼마입니까?

Ⓑ bù qīng chǔ.

不清楚。

확실히 모릅니다.

Ⓐ nà jiù liáng shēn gāo ba.

那就量身高吧。

그럼, 키를 재보겠습니다.

zhàn zài zhèr, nín de shēn gāo shì yī mǐ qī èr.

站在这儿, 您的身高是1米72。

이쪽에 서보세요. 당신의 키는 172cm입니다.

Ⓐ nín de tǐ zhòng ne?

您的体重呢?

당신의 체중은 얼마입니까?

B bù qīng chǔ.

不清楚。

잘 모릅니다.

A nà jiù liàng tǐ zhòng ba.

那就量体重吧。

그럼, 체중을 재보겠습니다.

qǐng tuō xié shàng tǐ zhòng jì ba. liù shí sān gōng jīn.

请脱鞋上体重计吧。63公斤。

신발을 벗고 체중계에 올라 서 보세요. 63kg입니다.

A nà jiù cè tǐ wēn ba. sān shí liù diǎn bā dù.

那就测体温吧。36点8度。

체온을 재보겠습니다. 36.8도입니다.

B fā shāo ma?

发烧吗?

열이 있습니까?

A méi yǒu, zhèng cháng.

没有，正常。

아니요, 정상입니다.

A liàng xuè yā ba. shēn chū gē bo, fàng sōng yí xià.
量血压吧。伸出胳膊, 放松一下。
혈압을 재보겠습니다. 팔을 펴주시고 편안히 하세요.
150/110 xuè yā yǒu diǎn gāo.
150/110血压有点高。
150/110으로 혈압이 약간 높습니다.

B yǒu diǎn jǐn zhāng le. piān gāo le.
有点紧张了。偏高了。
좀 긴장해서 높은 것 같습니다.

A bǎ yí xià mài, shēn chū shǒu.
把一下脉, 伸出手。
맥박을 재보겠습니다. 손을 내밀어주세요.

자주 나오는 의학표현 常见医学用语

Q bú yào yòng shǒu qù mō.

不要用手去摸。

손으로 만지지 마세요.

Q xiǎo xīn, bù néng zhān shuǐ.

小心, 不能沾水。

물이 닿지 않도록 조심해 주세요.

Q xiǎo xīn, diào gē bā.

小心, 掉疙疤。

딱지가 떨어지지 않게 주의해 주세요.

Q bù xǔ náo, bù xǔ mō.

不许挠, 不许摸。

긁거나 만지지 마세요.

Q pí fū bǎo chí gān jìng。
皮肤保持干净。
피부를 깨끗하게 해주세요.

Q cháng chū hàn.
常出汗。
땀이 자주 나는 편입니다.

Q pí fū cū cāo.
皮肤粗糙。
피부가 거칠어요.

Q yǎn jīng tè bié yǎng.
眼睛特别痒。
눈이 매우 가렵습니다.

Q cháng liú lèi.
常流泪。
눈물이 자주 납니다.

Q yóu qí shì dōng tiān, tè bié yǎng.
尤其是冬天，特别痒。
겨울에는 특히 가려워요.

Ⓠ shuì bù hǎo jiào.

睡不好觉。

숙면을 못 합니다.

자주 나오는 의료질문 常见医疗提问

Q shén me shí hòu kāi shǐ zhè yàng de?

什么时候开始这样的?

언제부터 그런 증상이 있었나요?

A : zuó tiān kāi shǐ zhè yàng de.

昨天开始这样的。

예, 어제부터입니다.

Q yì tiān dāng zhōng shén me shí hòu zuì yǎng?

一天当中什么时候最痒?

하루 중 언제가 가장 가려운가요?

A : líng chén shuì jiào de shí hòu.

凌晨睡觉的时候。

잠자는 새벽입니다.

---

pí fū guǎn lǐ yě shòu bǎo xiǎn ma?

皮肤管理也受保险吗?

피부관리는 보험으로 처리되나요?

A: bù shòu bǎo xiǎn.

不受保险。

보험처리가 안 됩니다.

---

huái yùn le yě kě yǐ zuò ma?

怀孕了也可以做吗?

임신 중에도 시술을 받을 수 있는지요?

A: jué duì bù xíng.

绝对不行。

절대 안 됩니다.

---

má zuì guò hòu huì bú huì tòng?

麻醉过后会不会痛?

마취하면 아프지 않나요?

A: zhēn zhā jìn qù de shí hòu jiù yǒu diǎn téng.

针扎进去的时候就有点疼。

주사 바늘이 들어갈 때 따끔거립니다.

Q liǎn shàng de bā hén zěn me zhì liáo ne?

脸上的疤痕怎么治疗呢?

얼굴의 흉터는 어떤 치료방법이 있나요?

A : kě yǐ zuò jī guāng zhì liáo.

可以做激光治疗。

레이저치료가 있습니다.

Q qù zhì、qù bān dàng tiān yě kě yǐ ba?

去痣、去斑当天也可以吧?

기미, 주근깨 치료도 당일 가능한가요?

A : shì de, dàng tiān kě yǐ zuò hǎo de.

是的, 当天可以做好的。

예, 당일 치료가 가능합니다.

자주 사용하는 의학용어 常用医学用语

피부	皮肤	pífū
점	点	diǎn
기미	痣	zhì
주근깨	斑	bān
흉터	疤痕	bā hén
여드름	痘痘	dòu dòu
진드기	牛虱	niú shī
가려움	痒	yǎng
무좀	脚气	jiǎo qì

한식 상차림(사진 : 한국관광공사 제공)

기초검사(常規檢查)

기초검사는 일상생활의 행동에 아무런 이상을 느끼지 않아도 또는 이상을 느껴도 가벼운 경우, 그리고 혹시나 하는 염려 때문에 검사를 받게 되는 경우에 시행한다. 기초검사[4]의 목적은 질병의 조기발견을 통한 조기치료와 그 위험인자를 개선하여 적극적인 질병예방을 실천함으로써 건강증진을 도모하는 것이다. 현대인은 서구화된 식생활, 운동부족, 흡연, 과도한 스트레스와 유해한 환경으로 인하여 당뇨, 고혈압 등의 성인병과 그에 연관된 심혈관계 질환 및 각종 암의 발생빈도가 지속적으로 증가하는 추세이므로 기본검진을 통한 예방의학에 목적을 두고 있다.

사진 : 한국관광공사 제공

---

4) 김명자 외, 건강검진, 2008, p. 7.

기초검사 기본회화 常规检查基本会话

1. qǐng dào zhèr lái.
   请到这儿来。
   이쪽으로 오세요.

2. yī xiù gěi wǎn qǐ lái.
   衣袖给挽起来。
   소매를 걷어주세요.

3. kě yǐ zuò zhèr ma?
   可以坐这儿吗?
   여기에 앉아도 되겠습니까?

4. xī yí xià qì.
   吸一下气。
   숨을 들이마시세요.

5. zuǐ zhāng dà yì xiē.
   嘴张大一些。
   입을 크게 벌려주세요.

기초검사 관련어휘 常规检查用语

tǔ yí xià qì。
吐一下气。
숨을 뱉으세요.

qǐng zuò。
请坐。
앉으세요.

zhàn qǐ lái。
站起来。
일어나주세요.

zhuǎn guò tóu kàn hòu biān。
转过头看后边。
뒤를 돌아봐주세요.

wān yí xià tuǐ。
弯一下腿。
다리를 구부려주세요.

bǎ tuǐ shēn zhí lou。
把腿伸直喽。
다리를 쭉 펴주세요.

tuō diào chèn shān。
脱掉衬衫。
셔츠를 벗어주세요.

chuān shàng zhè jiàn bái dà guà。
穿上这件白大褂。
이 가운을 입어주세요.

zuò yí xià shēn hū xī。
做一下深呼吸。
심호흡을 해주세요.

tíng zhǐ hū xī。
停止呼吸。
숨을 멈춰주세요.

qǐng zuò zài jiǎn chá tái shàng。
请坐在检查台上。
검사대에 앉아주세요.

tǎng yí xià。
躺一下。
누워주세요.

pā yí xià。
趴一下。
엎드려 누워주세요.

tǎng yí xià, cháo shàng miàn kàn。
躺一下，朝上面看。
위로 보고 누워주세요.

cè shēn tǎng yí xià。
侧身躺一下。
옆으로(모로) 누워주세요.

cháo zuǒ biān cè shēn tǎng yí xià。
朝左边侧身躺一下。
왼쪽을 향해 누워주세요.

jiù zhè yàng bú yào dòng。
就这样不要动。
그대로 움직이지 말아주세요.

nín zuò zhè ér。
您坐这儿。
여기에 앉아주세요.

yī xiù gěi wǎn qǐ lái。
衣袖给挽起来。
소매를 걷어주세요.

gē bo fàng zài zhī jià shàng。
胳膊放在支架上。
팔을 받침대에 얹어주세요.

qǐng fàng sōng。
请放松。
편안히 하세요.

기초검사 실용회화 常规检查实用会话

A wèi le jiǎn chá děi chōu xuè.

为了检查得抽血。

검사를 위해 피를 뽑겠습니다.

B děi chōu duō shǎo xiě?

得抽多少血?

어느 정도 채혈합니까?

A 200 háo shēng, zuò xià ba.

200毫升，坐下吧。

200cc 정도입니다. 앉아주세요.

B yī xiù gěi wǎn qǐ lái, shēn chū shǒu wàn.

衣袖给挽起来，伸出手腕。

먼저 소매를 걷고, 손목을 내밀어주세요.

A hǎo le ma?

好了吗?

이렇게 하면 됩니까?

B hěn hǎo.

很好。

예, 좋습니다.

A zhā zhēn le.

扎针了。

침을 놓겠습니다.

B hǎode. shǒubúyàoyònglì.

好的。手不要用力。

좋습니다. 손에 힘을 주지 마세요.

A yì diǎn yě bù téng ba.

一点也不疼吧。

전혀 아프지 않으시죠?

B děi àn yí xià, bú ràng tā liú xiě.

得按一下，不让它流血。

출혈하지 않도록 여기를 눌러주세요.

A nín děi zuò táng niào jiǎn chá, qù jiē diǎn niào ba.

您得做糖尿检查，去接点尿吧。

당뇨검사를 하셔야 합니다. 소변을 받아주세요.

B hǎo de, zěn me qù jiē?

好的，怎么去接?

예, 어떻게 받습니까?

Ⓐ gěi nín bēi zi, dào wèi shēng jiān qù jiē ba.

给您杯子，到卫生间去接吧。

종이컵을 드리겠습니다. 화장실에 가서 받으세요.

Ⓑ zhǐ jiē yì diǎn jiù kě yǐ le.

只接一点就可以了。

조금만 받으시면 됩니다.

Ⓐ yào jiē duō shǎo?

要接多少?

얼만큼 받을까요?

Ⓑ jiē bàn bēi jiù xíng.

接半杯就行。

반 컵 정도면 됩니다.

자주 나오는 의료표현 常见症状表达

Q wǒ xiǎng dǎ ròu dú sù.

我想打肉毒素。

보톡스를 맞고 싶습니다.

Q bú yào mō shǒu shù shāng kǒu.

不要摸手术伤口。

시술 부위를 만지지 마세요.

Q guò 2~3 tiān yǐ hòu kě yǐ zuò sāng ná huò yùn dòng.

过2~3天以后可以做桑拿或运动。

2~3일 후면 사우나, 운동을 하실 수 있습니다.

Q guò yì zhōu yǐ hòu cái kě yǐ huà zhuāng.

过一周以后才可以化妆。

화장은 1주일 뒤에 하실 수 있습니다.

shǒu shù yǐ hòu bù néng pā xià.

手术以后不能扒下。

시술 후에 엎드린 자세를 하지 마세요.

shuì jiào de shí hòu zhěn tou yòng gāo diǎn de.

睡觉的时候枕头用高点的。

주무실 때 베개를 높게 베세요.

jīn tiān dǎ zhēn jiù xíng.

今天打针就行。

오늘은 주사만 맞습니다.

shǒu shù dà gài yǒu yí gè xiǎo shí.

手术大概有1个小时。

수술시간은 1시간 정도 걸립니다.

má zuì zhǔ yào yǒu jú bù má zuì hé quán shēn má zuì.

麻醉主要有局部麻醉和全身麻醉。

마취는 주로 부분마취와 전신마취가 있습니다.

yì bān tián chōng wù xiào guǒ jiù yǒu liù gè yuè.

一般填充物 (Filler) 效果就有6个月。

보통 필러효과는 6개월 정도 갑니다.

자주 나오는 의료질문 常见医疗提问

Q ròu dú sù méi yǒu fù zuò yòng ma?

肉毒素没有副作用吗?

보톡스는 부작용이 없습니까?

A : huì zhǒng yì zhōu zuǒ yòu de.

会肿一周左右的。

1주일 정도 붓습니다.

Q shuāng yǎn pí shǒu shù huì yǒu fù zuò yòng ma?

双眼皮手术会有副作用吗?

쌍꺼풀 수술은 부작용이 없나요?

A : méi yǒu.

没有。

없습니다.

hēi yǎn quān tài yán zhòng le,

黑眼圈太严重了,

다크서클이 심합니다.

néng bù néng zuò shǒu shù?

能不能做手术?

수술이 가능한지요?

A : shǒu shù bǐ jiào jiǎn dān,

手术比较简单,

yòng jī guāng zuò shǒu shù de.

用激光做手术的。

레이저 수술로 간단하게 할 수 있습니다.

---

néng bù néng qù diào bā hén?

能不能去掉疤痕?

흉터를 제거할 수 있나요?

A : néng. liǎng~sān gè xiǎo shí jiù néng qù diào.

能。两~三个小时就能去掉。

할 수 있습니다. 2~3시간이면 제거할 수 있습니다.

Ⓠ chū xiě shí róng yì zhǐ xuè ma?

出血时容易止血吗?

출혈할 때 지혈이 잘 됩니까?

Ⓐ : bù tài qīng chǔ, hái shì zuò yí xià jiǎn chá ba.

不太清楚，还是做一下检查吧。

잘 모르겠습니다. 검사를 해주세요.

Ⓠ yǒu méi yǒu gāo xuè yā、

有没有高血压、

táng niào bìng děng màn xìng jí bìng?

糖尿病等慢性疾病?

고혈압, 당뇨병 등 만성질환이 있는지요?

Ⓐ : méi yǒu。

没有。

아니요, 없습니다.

Ⓠ yǐ qián yǒu guò má zuì fù zuò yòng ma?

以前有过麻醉副作用吗?

이전에 마취하실 때 부작용이 있었습니까?

𝒜 : yǒu guò.

有过。

있습니다.

Ⓠ néng bù néng suō xiǎo miàn kǒng?

能不能缩小面孔?

얼굴 축소가 가능한지요?

𝒜 : néng. kě yǐ de.

能。可以的。

예, 가능합니다.

Ⓠ yǎn pí guò dà zhēng bù kāi.

眼皮过大睁不开。

눈꺼풀이 커서 눈을 뜰 수가 없습니다.

𝒜 : zuò shuāng yǎn pí shǒu shù jiù méi shì le.

做双眼皮手术就没事了。

쌍꺼풀 수술을 하시면 문제가 없습니다.

자주 사용하는 의학용어 常见医学用语

필러(Filler)	填充物	tián chōng wù
콜라겐	胶原质	jiāo yuán zhì
안티에이징	抗衰老	kàng shuāi lǎo
혈소판	血小板	xuè xiǎo bǎn
쌍꺼풀	双眼皮	shuāng yǎn pí
눈꺼풀	眼皮	yǎn pí
흉터	疤痕	bā hén
다크서클	黑眼圈	hēi yǎn quān
보톡스	肉毒素(保妥适)	ròu dú sù(bǎotuǒshì)
이마	额	é
천식	哮喘病	xiào chuǎn bìng
고혈압	高血压	gāo xuè yā

정밀검사(精密檢査)

기초검사와 검진을 통하여 검사자의 질환에 대한 불편함과 혈당, 혈액, 맥박 등의 위험인자를 찾아냄으로써 질병을 조기 발견하여 해당질환에 대한 심화장비로 정밀검사를 하게 된다. 정밀검사에는 뇌정밀(MRI, MRA), 치매정밀, 여성정밀(뇌CT), 심장정밀(심장초음파), 소화기정밀(내시경, 복부CT), 폐정밀(흉부CT), 관절염 정밀검사(핵의학, 유전자) 등이 있다.

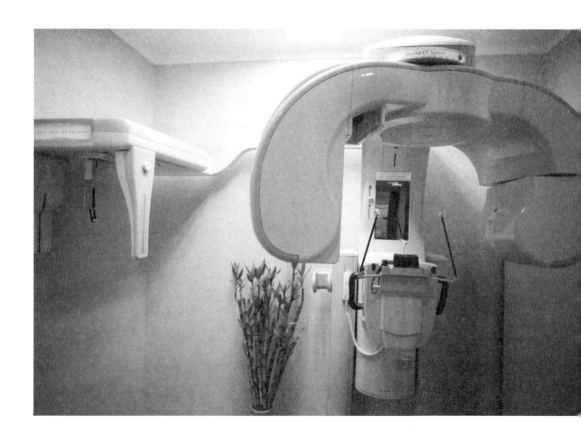

정밀검사 기본회화 精密检查基本会话

1. xiān zuò xīn diàn tú.

   先做心电图。

   먼저 심전도 검사를 하겠습니다.

2. nín de jiàn kāng jué de nǎ lǐ zuì bù shū fu?

   您的健康觉的哪里最不舒服?

   자신의 건강상태에서 제일 좋지 않는 곳은 어디신가요?

3. xiàn zài yǒu yùn ma?

   现在有孕吗?

   지금 임신 중이십니까?

4. méi yǒu tóng yì shū bù néng zuò jiǎn chá.

   没有同意书不能做检查。

   동의서 없이는 검사가 불가능합니다.

5. yào yǒu méi yǒu xiào guǒ?

   药有没有效果?

   약의 효과는 어떠했습니까?

정밀검사 관련어휘 精密检查用语

각종 의료검사(各种医疗检查)

혈액검사	验血	yàn xuè
소변검사	尿检查	niào jiǎn chá
대변검사	大便检查	dà biàn jiǎn chá
가래검사	痰检查	tán jiǎn chá
시력검사	视力检查	shì lì jiǎn chá
청력검사	听力检查	tīng lì jiǎn chá
폐기능검사	肺部检查	fèi bù jiǎn chá
심전도	心电图	xīn diàn tú
뇌전도 (electroencephalogram)	脑电图	nǎo diàn tú
흉부X-ray	胸部X光射线	xiōng bù X-guāng
초음파검사	超声波检查	chāo shēng bō jiǎn chá
기관지경검사	支气管内镜检查	zhī qì guǎn nèi jìng jiǎn chá
내시경검사	内镜检查	nèi jìng jiǎn chá
대장내시경검사	大肠内镜检查	dà cháng nèi jìng jiǎn chá

위내시경검사	胃镜检查	wèi jìng jiǎn chá
방광경검사	膀胱镜检查	páng guāng jìng jiǎn chá
복강경검사	腹腔镜检查	fù qiāng jìng jiǎn chá
자궁암검사법	宫颈癌检查法	gōng jǐng ái jiǎn chá fǎ
요추천자	腰椎穿刺	yāo zhuī chuān cì
서모그래피 (thermography)	热摄影术	rè shè yǐng shù
컴퓨터 단층촬영	计算机断层摄影 (CT)	jì suàn jī duàn céng shè yǐng (CT)
자기공명영상법	磁共振成像(MRI)	cí gòng zhèn chéng xiàng (MRI)

정밀검사 실용회화 精密检查使用会话

Ⓐ zuò gǔ mì dù jiǎn chá.

做骨密度检查。

골밀도검사를 합니다.

dào fàng shè xiàn chuāng kǒu lái yí xià.

到放射线窗口来一下。

방사선과 창구로 가세요.

Ⓑ hǎo de.

好的。

예.

Ⓐ dào zhōng jiān lái zuò.

到中间来坐。

가운데로 들어가서 앉아주세요.

xiōng bù tiē zài jiǎn chá tái shàng.

胸部贴在检查台上。

가슴을 검사대에 붙여주세요.

Ⓐ zuò xīn diàn tú jiǎn chá le。zài zhè lǐ cè shēn tǎng yí xià.

做心电图检查了。在这里侧身躺一下。

심전도검사를 합니다. 여기에 옆으로 누워주세요.

Ⓑ hǎo de.

好的。

예.

Ⓐ yào tuō xié，yī fu gěi guà shang.

要脱鞋，衣服给挂上。

신발을 벗고, 옷을 걸어주세요.

Ⓐ zuò tīng lì jiǎn chá，qǐng jìn zhè jiān fáng lǐ.

做听力检查，请进这间房里。

청력검사를 합니다. 이 방으로 들어가세요.

Ⓑ hǎo de.

好的。

예.

Ⓐ zuò xià，dài shang ěr jī. tīng jiàn le jiù àn zhè gè àn niǔ.

坐下，带上耳机。听见了就按这个按钮。

앉으세요, 헤드폰을 걸쳐주세요.

(소리가) 들리면, 이 버튼을 눌러주세요.

Ⓐ zuò chāo shēng bō jiǎn chá, tǎng zài zhèr.

做超声波检查，躺在这儿。

초음파검사를 합니다. 여기에 누워주세요.

Ⓑ hǎo de.

好的。

예.

Ⓐ wān yí xià xī gài.

弯一下膝盖。

무릎을 구부려주세요.

Ⓑ zhè me zuò ma?

这么做吗?

이렇게 하면 됩니까?

Ⓐ en. hǎo, gěi nín mō jiāng gǎn jué huì hěn liáng.

嗯。好，给您摸浆感觉会很凉。

예, 좋아요. 이 이젤은 차가운 느낌이 있습니다.

Ⓐ gē jìn zhōng jiān, bǎ kù zi tuō hǎo.

搁进中间，把裤子脱好。

중간에 넣고, 바지를 벗어주세요.

Ⓑ hǎo de.

好的。

예.

A hǎo, zhàn zài zhèr, cháo zhèr kàn.

好, 站在这儿, 朝这儿看。

그럼, 여기에 서서, 이쪽을 향해 주세요.

zuò shēn hū xī, tíng zhǐ hū xī.

做深呼吸, 停止呼吸,

심호흡을 하시고, 호흡을 멈춰주세요.

hǎo, kě yǐ hū xī le.

好, 可以呼吸了。

좋습니다. 이제 편하게 하세요.

A zuò fèi bù jiǎn chá.

做肺部检查。

폐기능검사를 합니다.

jiē kǒu guǎn gěi dài shang, zài zuò hū xī.

接口管给戴上, 再做呼吸。

이 마우스피스를 물고, 호흡을 해주세요.

B hǎo de.

好的。

예.

A jīn zhì xiān nǚ shì.

金智贤女士。

김지현 여사님.

B wǒ jiù shì.

我就是。

예.

A qǐng gēn wǒ lái. shēn shang bù néng dài jīn shǔ wù.

请跟我来。身上不能带金属物。

이쪽으로 따라오세요. 금속물은 빼주세요.

B hǎo de.

好的。

알겠습니다.

B jiǎn chá shí jiān dà gài yào shí wǔ fēn zhōng.

检查时间大概要15分钟。

검사시간은 약 15분 걸립니다.

자주 나오는 의료질문 常见医疗提问

Q píng shí chī de shǎo ma?

平时吃的少吗?

평상시에 소식을 하는 편입니까?

A : en~ chī fàn chī de duō.

嗯~吃饭吃的多。

예, 식사는 많이 하는 편입니다.

Q chī fàn chī de kuài ma?

吃饭吃的快吗?

식사를 급하게 드십니까?

A : bú shì, chī de màn.

不是, 吃的慢。

아닙니다, 천천히 먹습니다.

Ⓠ lái lì jià shí téng de lì hài ma?

来例假时疼的厉害吗?

생리통이 심한 편입니까?

Ⓐ : téng de lì hài.

疼的厉害。

예, 심합니다.

Ⓠ shǒu jiǎo cháng chū hàn ma?

手脚常出汗吗?

손발에 땀이 자주 나는 편입니까?

Ⓐ : shì de. cháng chū hàn.

是的。常出汗。

예, 자주 납니다.

Ⓠ kàng lěng、kàng rè ma?

抗冷、抗热吗?

추위나 더위에 잘 견디는 편입니까?

Ⓐ : shì de.

是的。

예, 그렇습니다.

Q: píng shí yā lì dà ma?

平时压力大吗?

평소에 스트레스가 많은 편입니까?

A : bú shì de.

不是的。

아닙니다.

Q: yǎn jīng jīng cháng chōng xiě ma?

眼睛经常充血吗?

눈이 잘 충혈됩니까?

A : shì de.

是的。

예.

Q: yǒu shì hé wǒ chī de yǐn shí ma?

有适合我吃的饮食吗?

제 체질에 맞는 음식이 있습니까?

A : yǒu. zuò jiǎn dān de jiǎn chá jiù huì zhī dào.

有。做简单的检查就会知道。

예, 있습니다. 간단한 검사를 해보면 알 수 있습니다.

자주 사용하는 의학용어 常用医学用语

뜸	灸	jiǔ
다이어트	减肥	jiǎn féi
표준체중	标准体重	biāo zhǔn tǐ zhòng
과음	饮用过多	yǐn yòng guò duō
피로감	疲劳感	pí láo gǎn
복통	腹痛	fù tòng
변비	便秘	biàn bì
한약	中药	zhōng yào
가래	痰	tán
충혈	充血	chōng xiě
생리통	生理痛	shēng lǐ tòng

사진 : 해우리 한정식 제공(영어/일본어/중국어 안내 가능)

10

재활치료
(康复治疗)

재활치료란 장애를 가진 사람이 누릴 수 있는 최적의 신체적·감각적·지능적·심리적·사회적 수준을 성취하고 유지하려는 노력으로 수행하는 모든 치료이다. 장애가 없더라도 통증이나 일시적 질환, 외상으로 인해 환자가 추구하는 삶의 질이 저하될 때, 이를 회복시키기 위한 모든 치료의 과정을 말한다. 재활치료는 신체에 필요한 기능을 회복·유지시키기 위해 환자의 활동에 대한 중재 및 물리적 자극을 통하여 치료하는 것이다.

사진 : 한국관광공사 제공

재활치료 기본회화 康复治疗基本会话

1. gē bo bú yào yòng lì, shēn zhí lou.

   胳膊不要用力，伸直喽。

   팔을 편안히 한 다음 펴주세요.

2. qǐng gēn wǒ zuò yí xià.

   请跟我做一下。

   나를 보고 따라 해보세요.

3. yī bànr tǐ zhòng yòng zài zuǒ jiǎo shang.

   一半儿体重用在左脚上。

   왼발에 체중의 절반 정도를 실어보세요.

4. gē bo néng tái gāo dào duō shǎo?

   胳膊能抬高到多少?

   팔은 어느 정도 높이 올릴 수 있습니까?

5. hǎo, zhè huí nín zì jǐ zuò yí xià.

   好，这回您自己做一下。

   이번에는 혼자서 해보세요.

재활치료 관련어휘 康复治疗用语

chuān kù zi nán bù nán?
穿裤子难不难?
바지를 입는 것이 어렵습니까?

chuān chèn shān nán bù nán?
穿衬衫难不难?
셔츠를 입는 것이 어렵습니까?

jì kòu zi nán bù nán?
系扣子难不难?
단추를 채우는 것이 어렵습니까?

tái dōng xī nán bù nán?
抬东西难不难?
물건을 들어 올리는 것이 어렵습니까?

tǐ zhòng de 1/3 yòng zài yòu jiǎo shàng。
体重的1/3用在右脚上。
오른발에 체중의 1/3 정도를 실어보세요.

zhè zhǒng chéng dù hái suàn hěn hǎo。
这种程度还算很好。
이 정도라면 아직 괜찮습니다.

néng bù néng zài zuò xià qù?
能不能再做下去?
계속하실 수 있습니까?

lái diàn le ma?
来电了吗?
전기가 와 있습니까?

tài qiáng le ma?
太强了吗?
너무 강합니까?

tài ruò le ma?
太弱了吗?
너무 약합니까?

téng bù téng?
疼不疼?
통증을 느낍니까?

jué de bù zì rán ma?
觉的不自然吗?
부자연스럽습니까?

qǐng pā yí xià。
请趴一下。
엎드려 누우세요.

qǐng tǎng yí xià。
请躺一下。
위를 향해 누우세요.

xiàn zài bǎ yòu tuǐ wǎng shàng tái yí tái。
现在把右腿往上抬一抬。
지금부터 오른쪽 발을 위로 향해 움직여보세요.

téng ma? téng de shí hòu gào sù wǒ yì shēng。
疼吗? 疼的时候告诉我一声。
통증을 느끼십니까? 통증이 있으면 알려주세요.

jǐn liàng yòng lì àn yí xià。
尽量用力按一下。
가능하면 강하게 눌러주세요.

jǐn liàng yòng lì lā yí xià。
尽量用力拉一下。
가능하면 강하게 당겨주세요.

yào jì xù zuò ma? bù xiǎng zài zuò ma?
要继续做嘛? 不想再做吗?
계속하시겠습니까? 그만두고 싶습니까?

재활치료 실용회화 康复治疗实用会话

ⓐ jiǎn dān de dòng zuò yǒu nán zuò de dòng zuò ma?

简单的动作有难做的吗?

하기 어려운 간단한 동작이 있습니까?

ⓑ tuō yī fu de shí hòu fèi jìn.

脱衣服的时候费劲。

옷을 벗을 때 힘이 듭니다.

ⓐ nà me chuān yī fu de shí hòu ne?

那么穿衣服的时候呢?

옷을 입을 때는 어떻습니까?

ⓑ yě fèi jìn.

也费劲。

힘이 듭니다.

ⓐ jì kòu zi de shí hòu yě fèi jìn ba?

系扣子的时候也费劲吧?

단추를 잠그는 것도 어렵습니까?

B shì de.

是的。

예, 그렇습니다.

A xiān yùn dòng jǐ tiān zài kàn kan.

先运动几天再看看。

먼저 며칠 동안 운동을 해보고 다시 봅시다.

B hǎo de.

好的。

예.

A yí gè tái jiē yí gè tái jiē zǒu ba.

一个台阶一个台阶走吧。

한 계단 한 계단씩 올라가시죠.

jiǎo xiān yào kào lǒng,

脚先要靠拢,

발을 먼저 모아주세요

xiǎo bù zǒu dàn dòng zuò yào dà。

小步走但动作要大。

소폭으로 걸으시고 동작은 크게 합니다.

B hǎo de.

好的。

예.

A píng shí yòng zuǒ shǒu hái shì yòu yòu shǒu?

平时用左手还是右手?

평상시 어떤 손을 사용하십니까?

B yòng zuǒ shǒu.

用左手。

왼손을 씁니다.

A xiān zuò diàn liáo.

先做电疗。

전기치료 먼저 하겠습니다.

B hǎo de.

好的。

예.

A diàn liú gāo bù gāo?

电流高不高?

전류가 강한가요? 약한가요?

B bù gāo, jiù yǒu yì diǎn.

不高, 就有一点。

강하지 않습니다. 약하게 옵니다.

자주 나오는 증상표현 常见症状表达

Q shǒu wàn niǔ shāng le.

手腕扭伤了。

손목을 삐었습니다.

Q jiǎo bór fā qīng le.

脚脖儿发青了。

발목에 멍이 들었습니다.

Q jiān bǎng fā yìng le.

肩膀发硬了。

어깨가 결립니다.

Q jiǎo bó zi téng.

脚脖子疼。

발목이 아픕니다.

Ⓠ wěi gǔ téng.

尾骨疼。

꼬리뼈가 아픕니다.

Ⓠ yū xiě le.

淤血了。

멍이 들었습니다.

Ⓠ shuāi dǎo le.

摔倒了。

미끄러졌습니다.

Ⓠ yǒu yāo jiān pán tū chū zhēng.

有腰间盘凸出症。

허리 디스크가 있습니다.

Ⓠ rèn dài gěi lā shāng le.

韧带给拉伤了。

인대가 늘어났습니다.

Ⓠ hěn kě néng bìng qíng huì fā zuò de.

很可能病情会发作的。

증세가 재발할 수 있습니다.

자주 나오는 의료질문 常见医疗提问

Q wāi le jiǎo bó zi, děi cǎi qǔ jí jiù cuò shī ma?

歪了脚脖子, 得采取急救措施吗?

발목을 삐었습니다. 응급치료를 해야 합니까?

A : shì de. děi zuò lěng fū.

是的。得做冷敷。

예, 냉찜질을 하세요.

Q yǒu zhù yú yá chuáng de yǐn shí yǒu něi xiē?

有助于牙床的饮食有哪些?

잇몸에 좋은 음식은 어떤 것이 있나요?

A : hǎi xiān hěn bù cuò.

海鲜很不错。

생선류가 좋습니다.

Q nín cháng tái zhòng de dōng xī ma?

您常抬重的东西吗?

평소 무거운 물건을 자주 드시나요?

A : bú shì de.

不是的。

아닙니다.

Q zuò de zī shì ne?

坐的姿势呢?

앉는 자세는요?

A : yāo gěi tǐng zhí zuò zhèng lou.

腰给挺直坐正喽。

허리를 펴고 바르게 앉으세요.

Q nín nǎr téng?

您哪儿疼?

어디가 아프신가요?

A : jǐng zhuī téng.

颈椎疼。

목이 아픕니다.

177

Ⓠ píng shí shuì jiào zěn me shuì?

平时睡觉怎么睡?

평상시 잠잘 때 어떤 자세를 취하시나요?

𝒜 : cè shēn tǎng zhe shuì.

侧身躺着睡。

옆으로 누워서 잡니다.

Ⓠ zhěn tou gāo ma?

枕头高吗?

베개는 높게 베고 주무시나요?

𝒜 : zhěn tou yòng de shì ǎi de.

枕头用的是矮的。

낮은 베개를 사용합니다.

Ⓠ gào sù wǒ zěn me zhì liáo yāo jiān pán tū chū zhēng.

告诉我怎么治疗腰间盘凸出症症。

허리 디스크 치료방법을 알려주세요.

𝒜 : zī shì hǎo zuì wéi zhòng yào.

姿势好最为重要。

바른 자세가 중요합니다.

자주 사용하는 의학용어 常用医学用语

척추	脊椎	jǐ zhuī
내시경	内镜	nèi jìng
디스크	腰间盘凸出	yāo jiān pán tū chū
인대	韧带	rèn dài
골절	骨折	gǔ zhé
골다공증	骨质疏松症	gǔ zhì shū sōng zhèng
냉찜질	冷敷	lěng fū
근육통	肌肉痛	jī ròu tòng
관절염	关节炎	guān jié yán

사진 : 골드 해피하우스 메이크업실(미래 성형외과 제공)

수술(手术)

치료를 목적으로 피부, 점막 또는 조직을 절개하여 시행하는 외과적인 치료행위로, 특히 마취법과 멸균법이 발전하면서 최근 고난이도 수술이 가능하게 되었다. 의학수준이 높은 환자의 질환상태에 따라 외래진료[5] 이후 입원절차를 거쳐 수술을 결정하기도 하지만 응급증상에 의해 수술을 바로 결정하여 진행하기도 한다. 수술 전 주의사항, 금식, 수술 전 준비사항에 대하여 사전에 충분한 의사와의 상담이 필요하며, 이는 수술실 사정에 따라 변경될 수도 있다. 수술 당일 수술에 따른 의료진의 전체회의에서 당일 수술 및 치료 환자에 대해 충분히 논의를 거친 후에 수술 치료방법을 결정한다.

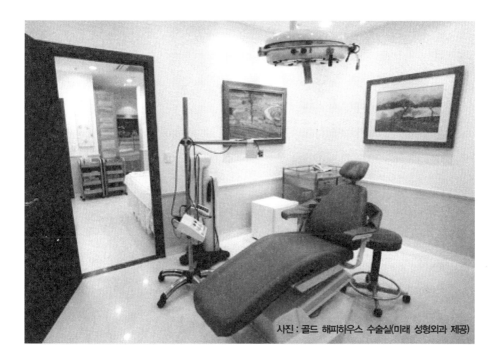

사진 : 골드 해피하우스 수술실(미래 성형외과 제공)

---

5) 김수배, 원무관리 실무, 1998, p. 221.

수술 기본회화 手术基本会话

1. wǎn shang jiǔ diǎn yǐ hòu bù xǔ chī huò hē.

   晚上9点以后不许吃或不喝。

   밤 9시 이후에는 아무것도 마시거나 드시지 마세요.

2. zhù yuàn cóng jǐ hào dào jǐ hào?

   住院从几号到几号?

   입원은 며칠부터 며칠까지입니까?

3. shǒu shù xū yào duō cháng shí jiān?

   手术需要多长时间?

   수술시간은 어느 정도 걸립니까?

4. zài shuō yí xià shǒu shù fāng fǎ.

   再说一下手术方法。

   수술방법을 다시 한 번 설명해 주세요.

5. dān rén jiān hé xǐ liǎn shì bì xū děi yǒu.

   单人间和洗脸室必须得有。

   독실과 세면장이 꼭 필요합니다.

수술 관련어휘 手术用语

✳입원할 때 준비해야 할 것(住院时需准备的东西)

잠옷	睡衣	shuì yī
목욕타월	毛巾	máo jīn
화장지	卫生纸	wèi shēng zhǐ
세면도구	洗脸用具	xǐ liǎn yòng jù
슬리퍼	脱鞋	tuō xié
찻잔	杯子	bēi zi
스푼	勺	sháo
젓가락	筷子	kuài zi
메모용지	便笺	biàn jiān

수술 관련용어(手术用语)

투약	下药(投药)	xià yào(tóuyào)
주사	打针	dǎ zhēn
마취	麻醉	má zuì
처치	处置	chǔ zhì
보험적용	受险	shòu xiǎn
재택치료	家庭治疗	jiā tíng zhì liáo
초진	初诊	chū zhěn
의학관리	医学管理	yī xué guǎn lǐ
검사	检查	jiǎn chá
화상진단	视频诊断	shì pín zhěn duàn
광선치료	光疗法	guāng liáo fǎ
환자부담	患者负担	huàn zhě fù dān
소계	小计	xiǎo jì
합계	合计	hé jì

qǐng bǎ xiàng liàn hé jiè zi jiě xià lái。
请把项链和戒子解下来。
목걸이와 반지를 빼주세요.

---

guì zhòng pǐn tuō rén bǎo guǎn。
贵重品托人保管。
귀중품을 맡겨주세요.

---

yǒu cún fàng dōng xī de dì fāng ma?
有存放东西的地方吗?
사물을 보관할 장소는 있습니까?

---

bǎ zhèi xiē fàng jìn yī guì lǐ。
把这些放进衣柜里。
이것을 라커에 넣어주세요.

---

qù chú tǐ máo。
去除体毛。
제모를 합니다.

---

rán hòu yào chōng xǐ。
然后要冲洗。
그 후에 샤워를 하세요.

---

wǎn shàng 11 diǎn kāi shǐ bù néng chī dōng xī。
晚上11点开始不能吃东西。
저녁 11시부터 음식을 드실 수 없습니다.

---

shāng kǒu yǒu duō dà?
伤口有多大?
베인 상처의 크기는 어느 정도입니까?

---

shǒu shù de shí hòu yǒu méi yǒu gǎn jué?
手术的时候有没有感觉?
수술할 때 의식은 있습니까?

kě yǐ kàn shǒu shù yǐ hòu de zhào piān ma?
可以看手术以后的照片吗?
수술 이후의 사진을 볼 수 있습니까?

shǒu shù yǐ hòu guò 3 gè xiǎo shí jiù kě yǐ huí qù。
手术以后过3个小时就可以回去。
수술 후 3시간이 지나면 댁으로 돌아가실 수 있습니다.

zài shuō yí biàn, màn diǎn er。
再说一遍, 慢点儿。
다시 한 번 천천히 설명해 주세요.

duì bù qǐ。 wǒ de kǒu yǔ hěn chà。
对不起。我的口语很差,
미안합니다, 언어가 서툽니다.

kě bù kě yǐ bǎ yào diǎn xiě gěi wǒ?
可不可以把要点写给我?
요점을 적어주실 수 있겠습니까?

wài tào gěi tuō le。 xié shì bù yòng tuō。
外套给脱了。鞋是不用脱。
겉옷을 벗어주세요. 신발은 괜찮습니다.

bǎ yī fú tuō dào yāo jiān shang。
把衣服脱到腰间上。
허리까지 옷을 내려주세요.

chuān shàng zhè jiàn bái dà guà
穿上这件白大褂。
이 가운을 입으세요.

zuò shēn hūxī, màn màn ér tǔ qì, yuè màn yuè hǎo
做深呼吸, 慢慢儿吐气, 越慢越好。
크게 숨을 들이쉬고, 가능한 한 천천히 내쉬세요.

bú yào dòng。
不要动。
움직이지 마세요.

---

bǎ yī xiù gěi wǎn shang, chōu xiě le。
把衣袖给挽上，抽血了。
소매를 걷어주세요. 피를 뽑겠습니다.

---

shǒu shù zhī qián yǒu liǎng píng diǎn dī。
手术之前有两瓶点滴。
수술 전에 링거주사 2병을 맞습니다.

---

dǎ diǎn dī de dì fāng téng。
打点滴的地方疼。
링거주사 맞은 곳이 아픕니다.

---

tǐ wēn jì gē jìn gē zhī wō lǐ dāi 5 fēn zhōng。
体温计搁进胳肢窝里呆5分钟。
체온계를 겨드랑이 아래에 5분간 넣어두세요.

---

jiā shǔ děng shǒu shù wán zài zǒu。
家属等手术完再走。
가족분들은 수술이 끝난 다음에 돌아가세요.

수술 실용회화 手术实用会话

A shǒu shù dìng zài xià wǔ sì diǎn.

手术定在下午4点。

수술은 오후 4시에 할 예정입니다.

shǒu shù qián yào guàn cháng.

手术前要灌肠。

수술하기 전에 관장을 합니다.

B hǎo de, zhī dào le.

好的，知道了。

예, 알겠습니다.

A dài lái de tóng yì shū qiān míng le ma?

带来的同意书签名了吗?

서명한 동의서를 가지고 왔습니까?

B dài le, zài zhèr. qí shí wǒ hěn dān xīn shǒu shù.

带了，在这儿。其实我很担心手术。

예, 여기에 있습니다.

실은 수술에 대해서 걱정을 하고 있습니다.

189

Ⓐ jǐn guǎn fàng xīn hǎo le.

尽管放心好了。

안심하세요.

shǒu shù yǒu míng de yī shēng gěi nín zuò shǒu shù.

手术有名的医生给您做手术。

유명한 의사 선생님이 수술을 해 드릴 거예요.

Ⓑ néng má zuì jǐ ge xiǎo shí?

能麻醉几个小时?

마취는 어느 정도 계속되는지요?

Ⓐ dà gài yǒu liǎng gè xiǎo shí.

大概有两个小时。

약 2시간 정도입니다.

Ⓐ shuō yí xià gēn shǒu shù yǒu guān de shì xiàng.

说一下跟手术有关的事项。

수술에 관련된 것을 설명드리겠습니다.

Ⓑ hǎo, bài tuō.

好, 拜托。

네, 부탁드립니다.

Ⓐ sān diǎn zuǒ yòu jiù kāi shǐ, rán hòu dǎ zhèn jìng jì.

3点左右就开始, 然后打镇静剂。

3시경에 시작합니다. 그리고 진정제를 주사합니다.

B nà shí jìn shǒu shù shì ma?

那时进手术室吗?

그때, 수술실로 들어갑니까?

A bú shì de. jìn shǒu shù shì de shí hòu,

不是的。进手术室的时候,

아니요, 수술실에 들어 가는 도중에

hěn kě néng shuì zháo de.

很可能睡着的。

아마 잠들어 있을 것입니다.

shǒu shù shí zuò quán shēn má zuì.

手术时做全身麻醉。

수술할 때 전신마취를 합니다.

B shén me shí hòu néng xǐng guò lái?

什么时候能醒过来?

언제 깨어납니까?

A dà gài guò liǎng gè xiǎo shí ba.

大概过两个小时吧。

아마 2시간 정도 지나서입니다.

자주 나오는 증상표현 常见症状表达

Ⓠ měi tiān dōu děi zuò yùn dòng.
每天都得做运动。
운동은 매일 하셔야 합니다.

Ⓠ bù néng xī yān, hē jiǔ
不能吸烟，喝酒。
흡연, 음주는 안 됩니다.

Ⓠ dǔ zi bù téng le.
肚子不疼了。
배가 아프지 않습니다.

Ⓠ xīn zàng pēng pēng pēng tiào.
心脏砰砰砰跳。
심장이 두근두근거립니다.

chuǎn bù liǎo qì.

喘不了气。

숨이 찹니다.

tóu yùn.

头晕。

머리가 어지럽습니다.

hái zài liú xiě.

还在流血。

아직도 피가 납니다.

kuài diǎnr lái yī yuàn,

快点儿来医院,

빨리 병원에 오서서

zuò hǎo zhù yuàn zhǔn bèi.

做好住院准备。

입원 준비를 해주세요.

wǒ xiǎng tù。

我想吐。

토할 것 같습니다.

Q bú yào kāi chē.

不要开车。

운전을 삼가주세요.

자주 나오는 의료질문 常见医疗提问

Ⓠ yè jiān chǎn fáng kāi mén ma?

夜间产房开门吗?

야간 분만실도 문을 엽니까?

Ⓐ : yǒu, kāi.

有, 开。

예, 엽니다.

Ⓠ nǐ men yī shēng huì shuō hàn yǔ ma?

你们医生会说汉语吗?

중국어 가능한 의사가 있나요?

Ⓐ : yǒu, huì shuō hàn yǔ de yī shēng.

有, 会说汉语的医生。

예, 중국어를 할 수 있는 의사 선생님이 있습니다.

Ⓠ shén me shí hòu kě yǐ chū yuàn?

什么时候可以出院?

언제쯤 퇴원이 가능한가요?

Ⓐ : míng tiān huì gěi nín tōng zhī de.

明天会给您通知的。

내일 알려드리겠습니다.

Ⓠ yú cì zhā jìn hóu lǒng lǐ le.

鱼刺扎进喉咙里了。

생선뼈가 목구멍에 걸렸습니다.

Ⓐ : qǐng dào jí jiù shì.

请到急救室。

응급실로 가세요.

Ⓠ ěr duo yǒu méi yǒu yán zhèng?

耳朵有没有炎症?

귀에 염증이 있습니까?

Ⓐ : yǒu yán zhèng.

有炎症。

염증이 있습니다.

Q: shì bú shì yè lǐ shuì bú zháo jiào?

是不是夜里睡不着觉?

야간에 잠을 못 주무시지 않나요?

A: shì de, yè lǐ shuì bù zháo jiào.

是的, 夜里睡不着觉。

네, 밤에 잠을 잘 수가 없습니다.

Q: shì bú shì méi jìnr?

是不是没劲儿?

몸이 나른합니까?

A: shì.

是。

예, 그렇습니다.

Q: bù lā dù zi ma?

不拉肚子吗?

설사는 하지 않습니까?

A: bù lā.

不拉。

예, 설사는 안 합니다.

197

자주 사용하는 의학용어 常用医学用语

복부	腹部	fù bù
종기	肿瘤	zhǒng liú
염증	炎症	yán zhèng
항생제	抗生素	kàng shēng sù
1회 복용량	一回服用量	yī huí fú yòng liàng
마취	麻醉	má zuì
맹장수술	盲肠手术	máng cháng shǒu shù
합병증	综合症	zōng hé zhèng
상처	伤口	shāng kǒu
절개	切开	qiē kāi

12

수술 이후(手术以后)

수술의 질환, 결과에 따라 바로 퇴원하는 경우도 있지만 환자 상태에 따라 바로 병실로 이동하여 재활치료, 회복치료를 해야 한다. 수술 후에는 회복할 때까지 질환별로 음식 섭취 시 주의사항, 질환별 주의사항, 보조기구 착용, 수술 후 운동, 수술 후 물리치료, 수술 후 업무복귀, 운전시기 등에 대한 주의가 필요하다. 수술 이후 바로 퇴원하는 경우에는 환자 상태 및 수술 후 관리를 위하여 병원에 내원하여 정기적으로 검사를 시행하기도 한다.

사진 : 골드 해피하우스 회복실(미래 성형외과 제공)

수술 이후 기본회화 手术以后基本会话

1. shuì de shú ma?

   睡的熟吗?

   잘 주무셨습니까?

2. bǎ yí xià mài.

   把一下脉。

   맥박을 재보겠습니다.

3. zuó tiān chī de duō bù duō?

   昨天吃的多不多?

   어제는 식사를 많이 하셨습니까?

4. jī hū méi chī.

   几乎没吃。

   거의 먹지 못했습니다.

5. zuó tiān niào le jǐ huí?

   昨天尿了几回?

   어제 소변은 몇 번 보셨습니까?

수술 이후 관련어휘 手术以后用语

fàn chī le duō shǎo?
饭吃了多少?
식사를 어느 정도 했습니까?

---

dōu chī le。
都吃了。
전부 먹었습니다.

---

chī de chà bù duō le。
吃的差不多了。
대부분 먹었습니다.

---

chī le 3/4。
吃了3/4。
3/4 정도 먹었습니다.

---

chī le yī bàn ér。
吃了一半儿。
반 정도 먹었습니다.

---

chī le sān chéng。
吃了三乘。
30% 정도 먹었습니다.

---

chī bù xià qù。
吃不下去。
먹을 수 없었습니다.

✿음식관련용어(用餐用语)

배가 고프다.	肚子饿	dù zi è
배고파!	饿!	è!
배고프니?	饿吗?	è ma?
배고프지 않습니까?	不饿吗?	bú è ma?
조금 더 드세요.	在用点吧!	zài yòng diǎn ba!
배가 부르다.	吃饱了	chī bǎo le
이제 배가 부르다.	才吃饱了	cái chī bǎo le
식당(호텔)에 들어가다.	进饭店	jìn fàn diàn
식욕이 있다.	有胃口	yǒu wèi kǒu
식욕이 없다.	没胃口	méi wèi kǒu
식욕이 없어지다.	开始没胃口	kāi shǐ méi wèi kǒu
(음식 등이) 입에 맞다.	可口	kě kǒu
입에 맞지 않다.	不合口味	bù hé kǒu wèi
(음식 등의) 맛을 보다.	尝一尝	cháng yi cháng
맛을 살리다. 입맛을 돋우다.	开胃	kāi wèi
요리를 만들다.	做菜	zuò cài
요리를 즐기다.	喜欢做菜	xǐ huān zuò cài
요리를 맛보다. 음미하다.	品尝料理	pǐn cháng liào lǐ
술을 맛보다. 음미하다.	品尝酒	pǐn cháng jiǔ

요리를 시키다. 주문하다.	点菜	diǎn cài
요리를 주문하다.	点菜	diǎn cài
무엇을 시켰니?	点什么了?	diǎn shén me le?
무엇을 시켰습니까?	点什么了?	diǎn shén me le?
벌써 시켰니?	点好了?	diǎn hǎo le?
벌써 시켰습니다.	早就点好了。	zǎo jiù diǎn hǎo le。
무엇을 시켰습니까?	都点了些什么?	dōu diǎn le xiē shén me?
뭘 드시겠습니까?	您想吃什么?	nín xiǎng chī shén me?
뭐로 시키면 좋을까!	点什么才好。	diǎn shén me cái hǎo。
배달을 부탁하다.	点外卖的。	diǎn wài mài de。
고기가 질기다.	肉太柴	ròu tài chái
고기가 부드럽다.	肉嫩	ròu nèn
잡수시다.	用餐	yòng cān
마시다.	喝	hē
식사	用餐	yòng cān
아침식사	早餐	zǎo cān
점심식사	午餐	wǔ cān
저녁식사	晚餐	wǎn cān
간식	小吃(点心)	xiǎo chī(diǎn xīn)
야식	夜餐	yè cān
요리	料理	liào lǐ

반찬	小菜	xiǎo cài
국	汤	shāng
수프	汤羹类	tāng gēng lèi
양념	作料	zuó liào
야채	素菜	sù cài
김치	泡菜	pào cài
디저트 식후 과일	(餐后)水果	(cān hòu) shuǐ guǒ
밥을 하다.	做饭	zuò fàn
식도락가(gourmet)	美食家	měi shí jiā
초밥을 먹을 수 있습니까?	可以吃寿司吗?	kě yǐ chī shòu sī ma?
메뉴를 받다.	接菜谱	jiē cài pǔ
메뉴를 가지고 오다.	拿来菜谱	ná lái cài pǔ
메뉴를 보다.	看菜谱	kàn cài pǔ
메뉴를 보여주다.	亮菜谱	liàng cài pǔ
메뉴를 보여주시겠습니까?	能拿来菜谱 让我看一下?	néng ná lái cài pǔ ràng wǒ kàn yī xià?
메뉴를 부탁합니다.	请拿来菜谱	qǐng ná lái cài pǔ
조미료를 넣다.	放调味料	fàng tiáo wèi liào
양념을 넣다.	放作料	fàng zuó liào

수술 이후 실용회화 手术以后实用会话

A wáng míng, jīn tiān shuì de hǎo ma?

王明, 今天睡的好吗?

왕밍씨, 오늘은 잘 주무셨습니까?

B hái kě yǐ.

还可以。

그런대로 잘 잤습니다.

A jīn zǎo liáng tǐ wēn le ma? jǐ dù?

今早量体温了吗? 几度?

오늘 아침 체온을 쟀습니까?

몇 도였습니까?

B sān shí bā dù.

38度。

예, 38도였습니다.

A xiàn zài kāi shǐ bá mài, shǒu zhè me nuǎn huo.

现在开始把脉, 手这么暖和。

지금부터 맥박을 재겠습니다. 손이 아주 따뜻하군요.

B hǎo de.

好的。

예.

A xiàn zài cè yí xià xuè yā.

现在测一下血压。

지금부터 혈압을 재보겠습니다.

zǎo chén yì bān tǐ wēn dī.

早晨一般体温低。

아침은 일반적으로 체온이 낮습니다.

zuó tiān fàn chī le duō shǎo?

昨天饭吃了多少?

어제 식사를 얼마나 드셨습니까?

B chī de chà bù duō.

吃的差不多。

적당히 먹었습니다.

A jīn wǎn kě méi yǒu fàn.

今晚可没有饭。

오늘 밤에는 식사가 없습니다.

Ⓐ kě yǐ xià chuáng le,

可以下床了,

이제 침대에서 내려오세요.

Ⓑ nà shén me shí hòu kāi shǐ chī fàn?

那什么时候开始吃饭?

식사는 언제부터 하는지요?

Ⓐ hòu tiān jiù kě yǐ chī le.

后天就可以吃了。

모레부터 드실 수 있습니다.

자주 나오는 증상표현 常见症状表达

Q wèi bù shū fu tù le yì zhěng tiān.

胃不舒服吐了一整天。

속이 울렁거려서 하루 종일 토했습니다.

Q chī le dōng xī dù zi jiù zhǎng.

吃了东西肚子就涨。

음식을 먹으면 속이 더부룩합니다.

Q wèi tòng, xiàng zhēn zhā sì de。

胃痛，像针扎似的。

위가 바늘로 찌르는 듯 아픕니다.

Q xiōng kǒu mèn.

胸口闷。

가슴이 답답합니다.

Ⓠ ké sou.

咳嗽。

기침이 납니다.

Ⓠ lǎo chū bí tì.

老出鼻涕。

계속 콧물이 납니다.

Ⓠ hún shēn fā yǎng.

浑身发痒。

온몸이 간지럽습니다.

Ⓠ dà tuǐ qǐ le gè gē dā.

大腿起了个疙瘩。

다리에 두드러기가 났어요.

Ⓠ sǎng mén dōu zhǒng le.

嗓门都肿了。

목이 다 부었습니다.

Ⓠ dé le táng niào bìng.

得了糖尿病。

당뇨병을 앓고 있습니다.

자주 나오는 의료질문 常见医疗提问

Q yì tiān hē duō shǎo jiǔ?

一天喝多少酒?

하루에 술은 얼마나 드시나요?

A : yì tiān hē bàn píng jiǔ.

一天喝半瓶酒。

하루에 반 병 정도 마십니다.

- -

Q dà biàn yán sè zěn me yàng?

大便颜色怎么样?

대변 색깔은 어떻습니까?

A : hóng sè.

红色。

붉은색입니다.

- -

Q MRI jiāo duō shǎo qián?

MRI 交多少钱?

MRI 가격은 얼마인가요?

A : bā shí wǔ wàn hán yuán.

85万韩元。

85만 원입니다.

Q chī bù chī ān mián yào huò qí tā de yào?

吃不吃安眠药或其他的药?

수면제나 다른 약을 복용하십니까?

A : bù chī.

不吃。

아니요.

Q zhè gè jiǎn chá xū yào duō cháng shí jiān?

这个检查需要多长时间?

그 검사는 시간이 얼마나 걸립니까?

A : sān shí wǔ fēn zhōng jiù xíng.

35分钟就行。

35분이면 됩니다.

Q zhè jiǎn chá kě yǐ chá chū shén me bìng?

这检查可以查出什么病?

이 검사는 무엇을 알 수 있습니까?

A : kě yǐ jiǎn chá chū ái zhèng.

可以检查出癌症。

암을 검사해 낼 수가 있습니다.

Q yǒu méi yǒu shí pǐn guò mǐn?

有没有食品过敏?

음식물에 대한 알레르기가 있습니까?

A : yǒu. hē le niú nǎi jiù yǎng.

有。喝了牛奶就痒。

예, 우유를 마시면 간지럽습니다.

사진 : 한국관광공사 제공

13

입원환자(住院患者)

입원 진료는 의사의 소견 및 상황에 따라 환자가 병원 내 소정의 절차를 거쳐 24시간 계속 요양기관에 수용되어 진료받는 것을 말한다. 입원환자는 내원 동기나 진료형태에 따라 응급입원 및 외래입원으로 나누어지며, 진료의사의 판단에 따라 입원치료가 필요한 환자에게 입원결정서가 발급되고, 입원수속 창구에서 자격확인과 진료비 지불보증, 선택진료 여부를 확인한 후에 환자의 질환, 성별, 진료과, 전염성 여부에 따라 병실을 배정함으로써 입원수속[6]이 진행된다.

사진 : 한국관광공사 제공

---

6) 김수배, 원무관리 실무, 1998, pp. 279-320.

입원환자 기본회화 住院患者基本会话

1. xiàn zài hǎo diǎnr le ma?

   现在好点儿了吗?

   이제 조금 좋아지셨습니까?

2. yào bú yào dǎ kāi chuāng lián?

   要不要打开窗帘?

   커튼을 열어드릴까요?

3. rú guǒ yǒu le dān rén jiān, nín xiǎng bān ma?

   如果有了单人间，您想搬吗?

   독실이 비면 그쪽으로 옮기겠습니까?

4. tàn wàng shí jiān wéi xià wǔ liǎng diǎn dào sì diǎn.

   探望时间为下午两点到四点。

   면회시간은 오후 2시부터 4시까지입니다.

5. dāi yí huìr, yī shēng huì guò lái de.

   待一会儿，医生会过来的。

   잠시 후에 의사 선생님께서 오실 것입니다.

입원환자 관련어휘 住院患者用语

yào bú yào zuò ~?
要不要做~?
~을 해드릴까요?

xiàn zài gěi nín zuò ~。
现在给您做~。
지금부터 ~하겠습니다.

wǒ xū yào ~。
我需要~。
~이 필요합니다.

yào bú yào dǎ kāi chuāng lián?
要不要打开窗帘?
커튼을 열어드릴까요?

yào bú yào bǎ chuāng lián gěi hé shàng?
要不要把窗帘给合上?
커튼을 닫을까요?

jiǎ yá yào bù gěi nín qīng xǐ yī xià?
假牙要不给您清洗一下?
틀니를 씻어드릴까요?

chuáng tóu yào bú yào nòng dī diǎn er?
床头要不要弄低点儿?
침대 앞부분을 내려드릴까요?

yào bú yào gěi nín cā bèi?
要不要给您擦背?
등을 닦아드릴까요?

yào bú yào gěi nín cā shēn zi?
要不要给您擦身子?
몸을 닦아드릴까요?

yào bú yào gěi nín shù shù kǒu?
要不要给您漱漱口?
양치질을 도와드릴까요?

yào bú yào bǎ zhěn tou fàng gāo yì diǎn?
要不要把枕头放高一点?
베개를 조금 높여드릴까요?

yào bù duō dài lái yī zhāng tǎn zi?
要不多带来一张毯子?
모포 한 장 더 갖다드릴까요?

hòu bèi zài gěi nín tái gāo ma?
后背再给您抬高吗?
등받이를 높여드릴까요?

yào bú yào bǎ xī gài tái gāo yì diǎn?
要不要把膝盖抬高一点?
무릎을 높여드릴까요?

xiàn zài gěi nín huàn chuáng dān。
现在给您换床单。
시트를 교환해 드리겠습니다.

yào bú yào gěi nín shù shù kǒu?
要不要给您漱漱口?
양치질을 도와드릴까요?

shù kǒu wán le ma?
漱口完了吗?
양치질을 다 하셨습니까?

gěi nín ná lái le xīn de shuì yī。
给您拿来了新的睡衣。
새 잠옷을 가지고 왔습니다.

yǒu méi yǒu bù néng chī de dōng xī?
有没有不能吃的东西?
드시지 못하는 음식이 있습니까?

wǒ bù chī ròu hé yú。
我不吃肉和鱼。
고기와 생선은 먹지 않습니다.

wǒ yǒu táng niào bìng。
我有糖尿病。
당뇨병을 앓고 있습니다.

wǒ duì rǔ zhì pǐn guò mǐn。
我对乳制品过敏。
유제품에 알레르기가 있습니다.

wǒ bù néng chī nǎi lào。
我不能吃奶酪。
치즈를 먹을 수 없습니다.

yǒu méi yǒu zōng jiào fāng miàn de xiàn zhì ma?
有没有宗教方面的限制吗?
종교적으로 어떤 제한이 있습니까?

jìn zhǐ chī zhū ròu。
禁止吃猪肉。
돼지고기는 금지되어 있습니다.

zhǐ néng chī shì hé guī dìng de shí pǐn。
只能吃适合规定的食品。
규율에 적합한 식품밖에 먹을 수 없습니다.

입원환자 실용회화 住院患者实用会话

A nín yào dān rén jiān hái shì duō rén jiān bìng fáng?

您要单人间还是多人间病房?

1인실을 드릴까요? 아니면 다인실을 드릴까요?

B wǒ yào dān rén jiān.

我要单人间。

1인실을 주세요.

A nà jiù měi tiān duō jiāo wǔ wàn hán yuán le.

那就每天多交5万韩元了。

그럼 하루에 오만 원의 추가요금을 내셔야 합니다.

B hǎo de, nà yě kě yǐ.

好的，那也可以。

예, 그렇게 하겠습니다.

A chī fàn shòu xiàn zhì ma?

吃饭受限制吗?

식사에 금기사항이 있습니까?

B wǒ zhǐ chī sù de. bù chī ròu.

我只吃素的。不吃肉。

채식만 먹습니다. 고기는 안 먹습니다.

niú ròu, zhū ròu dōu bù chī.

牛肉，猪肉都不吃。

소고기, 돼지고기는 모두 안 먹습니다.

hái yǒu duì rǔ zhì pǐn guò mǐn,

还有对乳制品过敏,

그리고 유제품에 알레르기가 있습니다.

dāng rán nǎi lào yě bù chī.

当然奶酪也不吃。

물론 치즈도 안 먹습니다.

A jiā shǔ jīn tiān yào lái ma?

家属今天要来吗?

오늘 가족이 오십니까?

B xià wǔ sān diǎn lái.

下午三点来。

오후 3시에 옵니다.

223

Ⓐ tàn wàng shí jiān wéi xià wǔ liǎng diǎn dào sì diǎn.

探望时间为下午两点到四点。

면회시간은 오후 2시부터 4시까지입니다.

Ⓑ hǎo de. wǒ míng bái le.

好的。我明白了。

예, 잘 알겠습니다.

Ⓐ nǐ xǐ huān shén me yùn dòng?

你喜欢什么运动?

어떤 운동을 좋아하십니까?

Ⓑ yǐ qián xǐ huān dǎ gāo ěr fū,

以前喜欢打高尔夫,

이전에는 골프를 좋아했습니다.

xiàn zài xǐ huān yóu yǒng.

现在喜欢游泳。

지금은 수영을 좋아합니다.

gēn shéi yì qǐ yùn dòng?

跟谁一起运动?

누구랑 함께 운동하십니까?

Ⓐ xǐ huān hē jiǔ ma?

喜欢喝酒吗?

술은 좋아하십니까?

B bú tài xǐ huān.

不太喜欢。

별로 좋아하지 않습니다.

A xǐ huān nǎ yì zhǒng gē?

喜欢哪一种歌?

어느 종류의 음악을 좋아하십니까?

B wǒ xǐ huān gǔ diǎn yīn yuè.

我喜欢古典音乐。

클래식 음악을 좋아합니다.

자주 나오는 증상표현 常见症状表达

A : yǒu tuō shuǐ zhèng zhuàng.

有脱水症状。

탈수증상이 있습니다.

A : tái yí xià gē bo.

抬一下胳膊。

팔을 올려주세요.

A : bǎ tuǐ shēn zhí.

把腿伸直。

다리를 펴주세요.

A : gěi nín dǎ zhēn le.

给您打针了。

주사를 놓겠습니다.

A : bú yào yòng lì, qǐng fàng sōng.

不要用力，请放松。

힘을 주지 마세요, 편안히 하세요.

A : shǐ jìn wò jǐn quán tou.

使劲握紧拳头。

주먹을 꽉 쥐세요.

A : cè yí xià xuè táng.

测一下血糖。

혈당을 재보겠습니다.

A : nín yǒu yán zhèng.

您有炎症。

몸에 염증이 있습니다.

A : hǎo xiàng dù zi zhàng le.

好像肚子胀了。

배에 가스가 차 있는 것 같습니다.

A : gē bo dōu tái yí xià.

胳膊都抬一下。

양팔을 올려주세요.

A : shēn kāi shǒu zhǐ.

伸开手指。

손가락을 펴세요.

자주 나오는 의료질문 常见医疗提问

Q zhǐ néng zhù yuàn zhì liáo ma?

只能住院治疗吗?

입원치료를 해야만 합니까?

A : zhù yuàn zhì liáo zhì de cái kuài.

住院治疗治的才快。

입원을 해야 빨리 치료를 할 수 있습니다.

Q shǒu shù jiù huì hǎo ma?

手术就会好吗?

수술하면 낫습니까?

A : hǎo de kuài.

好的快。

빨리 낫습니다.

Ａ : jīn tiān xīn qíng hǎo bù hǎo?

今天心情好不好?

오늘 기분은 어떻습니까?

Ｑ hěn hǎo.

很好。

아주 좋습니다.

Ｑ shǒu shù yǐ hòu néng bù néng shàng bān?

手术以后能不能上班?

수술한 다음 근무할 수 있습니까?

Ａ : néng.

能。

가능합니다.

Ｑ shén me shí hòu kě yǐ chū yuàn?

什么时候可以出院?

언제쯤 퇴원이 가능할까요?

Ａ : míng tiān kàn wán jié guǒ yī shēng huì gào sù nín de。

明天看完结果医生会告诉您的。

내일 결과를 보고 선생님께서 말씀해 주실 것입니다.

Q huàn zhě bìng qíng yán zhòng ma?

患者病情严重吗?

환자의 상태는 심각한가요?

A : xiàn zài zhèng zài zuò shǒu shù ne.

现在正在做手术呢。

지금 수술 중입니다.

Q huàn zhě xǐng le méi yǒu?

患者醒了没有?

환자가 깨어났습니까?

A : má zuì yào jìnr guò le huì xǐng guò lái de.

麻醉药劲儿过了会醒过来的。

마취약효가 떨어지면 깨어날 것입니다.

14

약국(藥房)

약국은 약사업무의 전문성과 윤리성을 확보하기 위하여 보건복지부령이 정하는 바에 의하여 약학대학을 졸업한 자로서 약학사의 학위를 교육과학기술부에 등록하고 약사국가시험에 합격한 자로 보건복지부 장관의 면허를 받은 약사가 개설하여 의약품의 조제 및 판매 등을 행하는 장소를 말한다.

약국 기본회화 药房基本会话

1. gěi wǒ zhè chǔ fāng lǐ de yào.
   给我这处方里的药。
   이 처방약을 주십시오.

2. yǎng de shí hòu qǐng mǒ zhè gāo yào.
   痒的时候请抹这膏药。
   가려울 때 바로 이 연고를 사용하세요.

3. fàn hòu chī yào.
   饭后吃药。
   식후에 드세요.

4. zhè yào lǐ miàn yǒu kàng shēng sù.
   这药里面有抗生素。
   이 약은 항생제가 포함되어 있습니다.

5. zhè yào lì yì tiān chī jǐ huí?
   这药粒一天吃几回?
   이 알약은 하루에 몇 번 먹으면 됩니까?

233

약국 관련어휘 药房用语

약의 종류(药的种类)

정제, 알약	颗粒药	kē lì yào
가루약	药粉	yào fěn
물약	药水	yào shuǐ
바르는 약	膏药	gāo yào
시럽	糖浆	táng jiāng
캡슐	胶囊	jiāo náng
알갱이 약	丸药	wán yào
연고	软膏(膏药)	ruǎn gāo(gāo yào)
파우더	粉底	fěn dǐ
스프레이	喷药	pēn yào
좌약	坐药	zuò yào
입 안을 가셔내는 약, 가글액	冲口药	chōng kǒu yào
안약	眼药	yǎn yào
습포, 냉찜질	冷敷	lěng fū
항생제	抗生素	kàng shēng sù

소독제	消毒药	xiāo dú yào
해열제	解热药	jiě rè yào
진통제	镇痛药	zhèn tòng yào
감기약	感冒药	gǎn mào yào
설사약	拉泻药	lā xiè yào
지사제	止泻药	zhǐ xiè yào
수면제	安眠药	ān mián yào

zhè yào shén me shí hòu kě yǐ chī?
这药什么时候可以吃?
이 약은 언제 먹으면 됩니까?

---

zhè yào zěn me chī ā?
这药怎么吃啊?
이 약은 어떻게 먹으면 됩니까?

---

zhè jiāo náng měi tiān zǎo shàng fàn qián chī yí lì。
这胶囊每天早上饭前吃一粒。
이 캡슐 한 알을 매일 아침 식사 전에 드십시오.

---

zhè yǎn yào měi tiān dī 4 huí , měi huí dī 2, 3 dī。
这眼药每天滴4回, 每回滴2, 3滴。
이 안약을 2, 3방울 하루에 4회 넣으세요.

---

zhè táng jiāng měi tiān chī liǎng xiǎo sháo。
这糖浆每天吃两小勺。
이 시럽을 작은 숟가락 가득 하루에 두 번 드세요.

zhè zhèn tòng yào tóu tòng shí chī liǎng lì。
这镇痛药头痛时吃两粒。
이 진통제는 두통이 있을 때 2알을 드세요.

yào lì ér tài dà le, bù hǎo tūn。
药粒儿太大了，不好吞。
알약이 너무 커서 삼키기가 어렵습니다.

zhè pēn yào téng de shí hòu pēn yí xià jiù xíng。
这喷药疼的时候喷一下就行。
이 스프레이는 아플 때 뿌려주시면 됩니다.

zhè yào shén me shí hòu kě yǐ chī?
这药什么时候可以吃?
이 약은 언제 먹으면 됩니까?

fàn hòu chī kě yǐ ma?
饭后吃可以吗?
식후에 먹어도 됩니까?

kōng fù chī yě méi wèn tí ma?
空腹吃也没问题吗?
공복에 먹어도 상관없습니까?

shuì jiào qián chī yě méi wèn tí ma?
睡觉前吃也没问题吗?
자기 전에 먹어도 상관없습니까?

약국 실용회화 药房实用会话

A yào fáng zài nǎr?

药房在哪儿?

약국은 어디에 있습니까?

B yī zhí zǒu, dào zǒu láng shí wǎng yòu cè guǎi,

一直走, 到走廊时往右侧拐,

곧바로 가서서 복도에 이르면 오른쪽으로 가세요.

bú dào dà tīng qián miàn jiù shì。

不到大厅前面就是。

대기실 못 가서 바로 앞에 있습니다.

A wǒ yào zhè chǔ fāng lǐ de yào.

我要这处方里的药。

이 처방약을 주세요.

B nín zài zhèr mǎi yào, dì yí cì ba?

您在这儿买药, 第一次吧?

우리 약국에서 처음으로 약을 사시는 것이지요?

A shì de.

是的。

예.

B nà jiù bǎ nín de xìng míng hé diàn huà hào mǎ gào sù wǒ.

那就把您的姓名和电话号码告诉我。

그럼 이름과 전화번호를 알려주세요.

A wǒ jiào jīn zhì xián, diàn huà hào mǎ shì yī èr sān sì wǔ liù qī bā.

我叫金智贤，电话号码是1234-5678。

김지현입니다, 전화번호는 1234-5678번입니다.

B èr shí fēn zhōng yǐ hòu jiù lái qǔ yào ba,

20分钟以后就来取药吧,

20분 정도 걸립니다.

yào bù zài zhè lǐ děng yě kě yǐ.

要不在这里等也可以。

아니면 여기서 기다리셔도 됩니다.

A hǎo de. yào me wǒ qù bié de dì fāng bàn diǎnr shì,

好的。要么我去别的地方办点儿事,

네, 그럼 다른 곳에 가서 잠시 일을 보고

yí ge xiǎo shí yǐ hòu wǒ guò lái ná。

一个小时以后我过来拿。

1시간 뒤에 가지러 오겠습니다.

🄰 wǒ lái qǔ chǔ fāng yào.

我来取处方药。

약을 가지러 왔습니다.

🄱 qǐng wèn xìng míng?

请问姓名?

이름이 어떻게 되는지요?

🄰 jīn xìng fú.

金幸福。

김행복입니다.

🄱 hǎo de, wǒ qù zhǎo. qǐng shāo děng.

好的, 我去找。请稍等。

예, 찾아보겠습니다. 잠시만 기다려주세요.

zhè shì sān tiān de yào měi tiān fú sān huí,

这是三天的药每天服三回,

이 약은 3일분이며 하루에 3회를 복용하세요.

fú wán yǐ hòu zài lái kàn bìng ba.

服完以后再来看病吧。

(약을) 다 드신 다음 다시 오셔서 진료를 받으세요.

Ⓐ bú yào dìng qī fú yào.

不要定期服药。

정기적으로 복용하지 마세요.

Ⓑ bù shū fu de shí hòu fú yòng jiù kě yǐ.

不舒服的时候服用就可以。

불편하실 때만 복용하시면 됩니다.

Ⓐ hǎo de.

好的。

예.

Ⓑ nà jiù zài zhè lǐ qiān míng.

那就在这里签名。

그럼, 여기에 서명해 주세요.

Ⓐ jīn xìng fú xiān shēng, nín de yào.

金幸福先生，您的药。

김행복 씨, 여기에 약이 있습니다.

zhè shì gǎn mào yào, lǐ miàn hái yǒu yào yè.

这是感冒药，里面还有药液。

이것은 감기약입니다. 시럽도 들어 있습니다.

Ⓑ zhè yào shén me shí hòu chī ne?

这药什么时候吃呢?

이 약은 언제 먹어야 하나요?

A měi gé sì gè xiǎo shí chī yí dài.

每隔4个小时吃一袋。

4시간마다 1봉지씩 드시면 됩니다.

B zhī dào le. nà zhèi gè ne?

知道了。那这个呢?

알겠습니다. 그럼 이 약은요?

A zhè yě shì gǎn mào yào.

这也是感冒药。

이것도 감기약입니다.

bái sè de yào lì měi tiān chī sān huí, fàn hòu chī.

白色的药粒每天吃三回, 饭后吃。

흰 알약은 1일 3회, 식후에 드세요.

B yào lì dà, nán chī.

药粒大, 难吃。

알약이 커서 먹기가 불편합니다.

A shì de. yòng shuǐ yī qǐ fú yòng yòng.

是的。用水一起服用。

예, 물로 함께 복용하세요.

B fàn hòu yòng shuǐ yī qǐ fú yòng yòng.

饭后用水一起服用。

예, 식후에 물로 함께 복용하세요.

chī shàng jǐ tiān cái xíng ne?

吃上几天才行呢?

며칠을 먹어야 하나요?

A sān tiān.

三天。

3일입니다.

B ò, sān tiān, hǎo de.

哦, 三天, 好的。

아, 네, 3일이요. 잘 알겠습니다.

자주 나오는 증상표현 常见症状表达

Q gěi wǒ ān mián yào.

给我安眠药。

수면제를 주시겠습니까?

Q gěi wǒ zhèn tòng yào.

给我镇痛药。

진통제를 주세요.

Q ké sou de tài lì hài le chuǎn bù guò qì lái.

咳嗽的太厉害了喘不过气来。

기침이 심해서 숨쉬기가 힘듭니다.

Q hǎo xiàng shì xiāo huà bù liáng.

好像是消化不良。

소화불량인 듯합니다.

Ⓠ néng bù néng gěi wǒ kāi shuǐ.

能不能给我开水。

따뜻한 물을 주세요.

Ⓠ wǒ xiǎng zuò zài yǐ zi shang.

我想坐在椅子上。

의자에 앉고 싶습니다.

Ⓠ huàn yí xià chuáng dān.

换一下床单。

시트를 갈아주세요.

Ⓠ duō gěi wǒ yí gè tǎn zi.

多给我一个毯子。

담요를 하나 더 주세요.

Ⓐ: zuò yí xià shēn hū xī.

做一下深呼吸。

숨을 크게 쉬세요.

Ⓐ: bǎ qì tǔ chū lái.

把气吐出来。

숨을 내쉬세요.

자주 나오는 의료질문 常见医疗提问

Q kě yǐ dǎ diàn huà ma?

可以打电话吗?

전화를 걸어도 되겠습니까?

A : dào bìng fáng wài biān kě yǐ dǎ diàn huà.

到病房外边可以打电话。

예, 병실을 나가서 전화하시면 됩니다.

Q tíng yí xià hū xī.

停一下呼吸。

숨을 잠깐 멈춰주세요.

A : hǎo de.

好的。

알겠습니다.

Q zhǔ zhì yī shēng jǐ diǎn lái huì zhěn?

主治医生几点来回诊?

담당 의사 선생님은 몇 시에 회진하시는지요?

A : měi tiān 9 diǎn jìn háng huì zhěn.

每天9点进行回诊。

매일 9시에 회진을 하십니다.

Q shén me shí hòu kāi shǐ téng de?

什么时候开始疼的?

언제부터 아프셨습니까?

A : téng le hěn cháng shí jiān le.

疼了很长时间了。

꽤 오래전부터 아팠습니다.

Q nǎ ér téng? téng de zěn me yàng?

哪儿疼? 疼的怎么样?

어디가 어떻게 아프신가요?

A : shǒu hé jiǎo téng de lì hài.

手和脚疼的厉害。

손과 발에 통증이 심합니다.

Q wéi tā mìng měi tiān chī yě kě yǐ ma?

维他命每天吃也可以吗?

비타민을 매일 먹어도 되나요?

A : ràng wǒ kàn yí xià.

让我看一下。

보여주시겠습니까?

Q nín yǒu méi yǒu xū yào cháng qī zhì liáo de bìng?

您有没有需要长期治疗的病?

오랫동안 앓고 있는 병이 있습니까?

A : wǒ yǒu jiǎ zhuàng xiàn.

我有甲状腺。

갑상선이 있습니다.

Q huà yàn jié guǒ shì bú shì yào zuò wù lǐ zhì liáo?

化验结果是不是要做物理治疗?

검사결과에 따라 물리치료를 받아야 하나요?

A : nín měi tiān děi zuò wù lǐ zhì liáo.

您每天得做物理治疗。

매일 물리치료를 하셔야 합니다.

Q fàng shè xiàn jiǎn chá duì shēn tǐ yǒu hài ma?

放射线检查对身体有害吗?

방사선 검사는 몸에 해롭습니까?

A : zhè xiàng jiǎn chá shì méi yǒu fù zuò yòng de.

这项检查是没有副作用的。

이 검사는 부작용이 없습니다.

퇴원(出院)

입원환자의 퇴원[7]은 담당 의사의 의학적 판단 및 환자 진료 결과에 따라 결정되며, 퇴원이 결정되면 병명이나 진료기록부를 정리하여 퇴원에 따른 투약 등의 처방과 퇴원 후의 주의사항을 알려준 뒤 진료비를 계산하고 진료비 수납 순에 따라 퇴원 처리된다.

퇴원 전 심사 시에 입원진료 중 발행된 처방전과 계산된 진료비가 맞는지를 진료기록부와 꼼꼼하게 확인 대조하는 것이 좋다.

사진 : 골드 해피하우스(미래 성형외과 제공)

---

7) 함태훈, 입·퇴원 수속창구 중앙화와 분산화에 따른 이용자의 만족도와 재이용 의사, 연세대학교 보건대학원, 2008, p. 11.

퇴원 기본회화 出院基本会话

1. chī cāo mǐ bǐ qǐ chī bái mǐ xiào guǒ gèng hǎo.

   吃糙米比起吃白米效果更好。

   흰 쌀밥보다 현미를 드시는 것이 더 효과가 있습니다.

2. jǐn liàng shǎo chī táng hán liàng gāo de shí pǐn.

   尽量少吃糖含量高的食品。

   탄수화물이 많은 음식을 삼가주세요.

3. yǒu bì yào cè yí xià xuè táng zhí.

   有必要测一下血糖值。

   혈당치를 잴 필요가 있습니다.

4. jǐn liàng shǎo chī yóu nì de dōng xi.

   尽量少吃油腻的东西。

   기름기가 많은 음식을 가급적 적게 드십시오.

5. chī de tài xián xuè yā huì biàn gāo de.

   吃的太咸血压会变高的。

   짠 것을 드시면 혈압이 올라갑니다.

퇴원 관련어휘 出院用语

cè xuè yā yǒu bì yào ma?
测血压有必要吗?
혈압을 체크할 필요가 있습니까?

xuè yā měi tiān dōu zài tóng yí gè shí jiān lǐ cè,
血压每天都在同一个时间里测,
혈압을 매일 같은 시간에 체크하시고
hái de zuò yì zhōu de jì lù。
还得做一周的记录。
일주일간 기록해 주세요.

kā fēi lǐ jiā táng huì shǐ xuè táng zhí nòng gāo de。
咖啡里加糖会使血糖值弄高的。
설탕이 든 커피를 마시면 혈당치가 올라갑니다.

jǐn liàng shǎo chī yán。
尽量少吃盐。
가급적 소금을 적게 드세요.

chōu xuè qǔ yàng de àn yí xià àn niǔ。
抽血取样得按一下按钮。
혈액 샘플 검사를 하시려면 이 버튼을 눌러주세요.

jiǎn yàn zhǐ chā zài xuè táng jiǎn cè yí shàng。
检验纸插在血糖检测仪上。
검사지를 혈당측정기에 꽂아주세요.

chī duō fú bǐng huò bǐng gān xuè táng huì biàn gāo de。
吃多福饼或饼干血糖会变高的。
도넛이나 쿠키를 먹으면 혈당치가 올라갑니다.

---

pàng le gāo xuè yā jiù gèng huì yán zhòng de。
胖了高血压就更会严重的。
고혈압은 비만에 의해 더욱 악화됩니다.

---

zuò yùn dòng xiào guǒ zuì hǎo。
做运动效果最好。
운동하시는 것이 효과적입니다.

---

zǒu lù ne?
走路呢?
걷는 것은 어떻습니까?

---

zuì hǎo yì zhōu 3, 4 huí zǒu bàn gè xiǎo shí。
最好一周3, 4回走半个小时。
1주일에 3, 4회 30분씩 걸으면 좋습니다.

---

xiè xiè! nà wǒ jiù yùn dòng yùn dòng。
谢谢! 那我就运动运动
감사합니다. 그럼 운동을 해보겠습니다.

---

zài yī yuàn fù jìn néng dǎ guó jì diàn huà ma?
在医院附近能打国际电话吗?
병원 가까이에 국제전화를 할 수 있습니까?

---

jiā rù jiàn kāng bǎo xiǎn le ma?
加入健康保险了吗?
건강보험에 가입하셨습니까?

퇴원 실용회화 出院实用会话

A jiā rù jiàn kāng bǎo xiǎn le ma?

加入健康保险了吗?

건강보험에 가입하셨습니까?

B méi yǒu. zài hán guó yòng bù shàng.

没有。在韩国用不上。

아니요, 한국에서는 사용하지 못합니다.

B jīn tiān jiù děi fù yī liáo fèi ma?

今天就得付医疗费吗?

오늘 바로 의료비를 지불해야 합니까?

A qǐng shāo děng, ràng wǒ què rèn yí xià.

请稍等, 让我确认一下。

잠시만 기다리세요, 확인해 보겠습니다.

A nín xiǎng fēn qī fù kuǎn ma?

您想分期付款吗?

할부로 하시겠습니까?

B ēn. kě yǐ jiù fēn qī fù kuǎn ba.

恩。可以就分期付款吧。

예, 가능하다면 할부로 하겠습니다.

A zhè gè yuè kāi shǐ jiāo sān gè yuè,

这个月开始交三个月,

měi yuè jiāo 500 wàn hán yuán kě yǐ ma?

每月交500万韩元可以吗?

이 달부터 3개월간 한 달에 500만 원씩 지불하면 될까요?

B hǎo de. kě yǐ de.

好的。可以的。

예, 가능합니다.

A chū yuàn yǐ hòu hái yào jìn xíng guǎn lǐ,

出院以后还要进行管理,

퇴원 후에 지속적인 관리를 해야 합니다.

hái yǒu yí liáo fèi fù kuǎn fāng fǎ yě gěi nín shuō míng yī xià.

还有医疗费付款方法也给您说明一下。

그리고 의료비 지불방법에 대해 설명해 드리겠습니다.

B hǎo. xiè xiè!

好。谢谢!

네, 감사합니다.

Ⓐ míng tiān kě yǐ chū yuàn le.

明天可以出院了。

내일 퇴원합니다.

Ⓑ zhè lǐ de yǒu yī liáo jì lù fù yìn jiàn cái xíng.

这里得有医疗记录复印件才行。

의료기록 복사본이 있어야 합니다.

Ⓐ wǒ lái què rèn yí xià.

我来确认一下。

확인하겠습니다.

Ⓑ néng bù néng gěi wǒ zhǎo yī xià zhǔ zhì yí shēng.

能不能给我找一下主治医生。

담당 의사를 불러주세요.

Ⓑ hěn bào qiàn。zhè yī yuàn lǐ něi gè diàn huà kě yǐ dǎ guó jì diàn huà?

很抱歉。这医院里哪个电话可以打国际电话?

죄송합니다만 이 병원에 국제전화를 할 수 있는 전화가 있습니까?

Ⓐ yī yuàn lǐ miàn méi yǒu, fù jìn yǒu yí jiā.

医院里面没有，附近有一家。

병원 안에는 없습니다. 병원 근처에 있습니다.

Ⓑ néng gào sù wǒ yí xià ma?

能告诉我一下吗?

가는 방법을 알려주세요.

A zhè yī yuàn yòu miàn jiù yǒu.

这医院右面就有。

병원을 나가시면 오른쪽에 있습니다.

bú dào 200 mǐ, zuǒ miàn jiù shì.

不到200米，左面就是。

200미터 못 가서 왼편에 있습니다.

B wǒ xiǎng huàn qián, fù jìn yǒu yín háng ma?

我想换钱，附近有银行吗?

환전을 하고 싶습니다. 근처에 은행이 있습니까?

A yī lóu xiǎo mài diàn yǒu xiàn jīn tí kuǎn jī.

一楼小卖店有现金提款机。

1층 매점에 현금인출기(ATM)가 있습니다.

yín háng zài yī yuàn yòu miàn jiù yǒu.

银行在医院右面就有。

은행은 병원을 나가서 바로 오른편에 있습니다.

B xiè xiè.

谢谢。

감사합니다.

자주 나오는 증상표현 常见症状表达

A : yǒu chóng yá. děi zhì liáo.

有虫牙。得治疗。

충치가 있어요. 치료를 하셔야 합니다.

Q méi kǒu wèi.

没口味。

입맛이 없어요.

A : zhǎng le yáng méi shé.

长了杨梅舌。

혓바늘이 돋았습니다.

Q jiáo bù dòng.

嚼不动。

씹을 수가 없어요.

Ⓠ yá suān.

牙酸。

이가 시립니다.

Ⓐ : qǐ pào ér le.

起泡儿了。

물집이 생겼습니다.

Ⓐ : téng jiù shuō yí xià.

疼就说一下。

아프면 말씀해 주세요.

Ⓐ : zuò yí xià jīng mì jiǎn chá ba.

做一下精密检查吧。

정밀진단을 받아보세요.

Ⓐ : bú yào yòng lì tái dōng xi.

不要用力抬东西。

무리하게 물건을 들지 마세요.

Ⓠ shǒu shù fèi yòng dà gài yǒu duō shǎo?

手术费用大概有多少?

수술비용이 대략 얼마나 들까요?

자주 나오는 의료질문 常见医疗提问

Q nín nǎ ér bù shū fú?

您哪儿不舒服?

어디가 불편하십니까?

A : wǒ yǎn jīng téng.

我眼睛疼。

예, 눈이 아픕니다.

Q nín dìng qī guā yá ma?

您定期刮牙吗?

스켈링은 정기적으로 하고 계십니까?

A : méi yǒu. yí cì yě méi zuò guò.

没有。一次也没做过。

아니요, 한 번도 한 적이 없어요.

Q qīng chūn dòu xū yào cháng qī zhì liáo ma?

青春痘需要长期治疗吗?

여드름 치료는 장기간 해야 합니까?

A : bù yòng nà me cháng shí jiān de。

不用那么长时间的。

그렇게 긴 시간이 걸리지 않습니다.

mǒ le gāo yào jiù huì hǎo de。

抹了膏药就会好的。

연고를 바르시면 좋아질 것입니다.

Q nín zěn me gè téng fǎ?

您怎么个疼法?

어떻게 아프십니까?

A : yòu suān yòu tòng.

又酸又痛。

쑤시고 아픕니다.

Q nín xiǎng zuò nǎ fāng miàn de zī xún?

您想做哪方面的咨询?

어떤 상담을 하셨으면 합니까?

𝓐 : wǒ xiǎng zī xún yí xià miàn bù, hái yǒu bí zi。

我想咨询一下面部，还有鼻子。

얼굴과 코 부분을 상담하고자 합니다.

Ⓠ yǒu méi yǒu bí sāi?

有没有鼻塞?

코가 막힙니까?

𝓐 : méi yǒu.

没有。

아니요.

Ⓠ bí zi shì bú shì wǎng zuǒ wāi le yì diǎn?

鼻子是不是往左歪了一点?

코가 왼쪽으로 휜 것 같지 않나요?

𝓐 : děi zuò shǒu shù.

得做手术。

수술을 해야 합니다.

Q yǐ qián yǒu guò shāng ma?

以前有过伤吗?

예전에 다친 적이 있습니까?

A : xiǎo shí hòu yǒu guò.

小时候有过。

어릴 때 있었어요.

Q shén me shí hòu dòng shǒu shù?

什么时候动手术?

언제 수술을 합니까?

A : míng tiān zuò yī xià jiǎn dān de jiǎn chá yǐ hòu,

明天做一下简单的检查以后,

내일 간단한 검사결과 후에

zài huì tōng zhī nín.

再会通知您。

다시 알려드리겠습니다.

사진 : 골드 해피하우스 처치실(미래 성형외과 제공)

16

출입국(出入境)

비자(사증)는 여행하고자 하는 나라로부터 입국허가를 받았다는 공문서로서 일반적으로 상대국 대사관에서 받게 된다. 입국목적[8]에 따라 입국사증 · 통과사증 · 관광사증 · 상용사증 · 유학사증이 있으며, 사용횟수에 따라 단수사증 · 복수사증이 있으며, 일반적으로 사증번호 · 발급국가의 문장표시 · 사증의 종류 · 사증의 유효기간 · 단수 또는 복수 · 사증 발급대상자의 성명 · 수수료 등을 기재한다.

사진 : 한국관광공사 제공

---

8) 박복원, 의료관광일본어, 2010, p. 159.

출입국 기본회화 出入境基本会话

1. wǒ de zuò wèi zài nǎ ér?

   我的座位在哪儿?

   제 좌석은 어디에 있습니까?

2. xiàn zài kāi shǐ kě yǐ zài jī nèi gòu wù.

   现在开始可以在机内购物。

   지금부터 기내판매를 시작하겠습니다.

3. kàn yí xià hù zhào.

   看一下护照。

   여권을 보여주세요.

4. lǚ xíng mù dì shì shén me?

   旅行目的是什么?

   여행 목적은 무엇입니까?

5. dǎ suàn dāi duō cháng shí jiān?

   打算待多长时间?

   얼마 동안 체재하실 계획입니까?

출입국 관련어휘 出入境用语

기내용어(机内用语)

좌석번호	座位号	zuò wèi hào
항공권	机票	jī piào
탑승권	乘机券	chéng jī quàn
수화물	拖运货物	tuō yùn huò wù
비상구	出口	chū kǒu
산소마스크	氧气罩	yǎng qì zhào
구명동의	救生衣	jiù shēng yī
스튜어디스	空姐	kōng jiě
시차	时差	shí chā
이어폰	耳机	ěr jī
호출버튼	呼叫按钮	hū jiào àn niǔ
창 쪽	窗口	chuāng kǒu
통로 쪽	通行路	tōng xíng lù
종이컵	纸杯	zhǐ bēi
종이타월	纸巾	zhǐ jīn

금연석	禁烟席	jìn yān xí
화장지	卫生纸	wèi shēng zhǐ
모포	毯子	tǎn zi
베개	枕头	zhěn tou

❈기내판매(机内销售)

화장품	化妆品	huà zhuāng pǐn
코냑	白兰地	bái lán dì
볼펜	圆珠笔	yuán zhū bǐ
브랜디	白兰地	bái lán dì
넥타이	领带	lǐng dài
위스키	威士忌	wēi shì jì
초콜릿	巧克力	qiǎo kè lì
향수	香水	xiāng shuǐ
보석	宝石	bǎo shí

❋입국심사(入境审查)

검역 → 입국심사 → 수하물 수취 → 세관

检疫 → 入境审查 → 提领货物 → 海关

입국심사	入境审查	rù jìng shěn chá
입국카드	入境登记卡	rù jìng dēng jì kǎ
입국목적	入境目的	rù jìng mù de
체류기간	滞留时间	zhì liú shí jiān
연락처	联络处	lián luò chù
관광	旅游	lǚ yóu
방문	探访	tàn fǎng
초대	邀请	yāo qǐng
연수	研修	yán xiū
유학	留学	liú xué

❋세관(海关)

면세품	免税品	miǎn shuì pǐn
면세점	免税店	miǎn shuì diàn
선물	礼物	lǐ wù

귀금속	贵金属	guì jīn shǔ
김	紫菜	zǐ cài
김치	泡菜	pào cài

❀이동(移动)

마중	接机(客)	jiē jī(kè)
배웅	送行	sòng xíng
환승리무진버스	机场转乘大巴	jī chǎng zhuǎn chéng dà bā
버스정류소	公交车站	gōng jiāo chē zhàn
택시 승차장	的士乘车场	dì shì chéng chē chǎng
지하철	地铁	dì tiě
표	票	piào

출입국 실용회화 出入境实用会话

B nǎ yī zhǒng yǐn liào hǎo?

哪一种饮料好?

음료수는 어떤 것이 좋은가요?

yǒu nǎ yì zhǒng yǐn liào?

有哪一种饮料?

어떤 음료수가 있습니까?

A yǒu kā fēi、hóng chá、guǒ zhī、kě lè、pí jiǔ、jī wěi jiǔ děng.

有咖啡、红茶、果汁、可乐、啤酒、鸡尾酒等。

커피, 홍차, 주스, 콜라, 맥주, 칵테일 등이 있습니다.

B gěi wǒ lái gè guǒ zhī.

给我来个果汁。

주스를 부탁합니다.

A fàn yǒu niú ròu、hǎi xiān, yào nǎ yì zhǒng?

饭有牛肉、海鲜, 要哪一种?

식사는 소고기와 생선 중 어느 것을 드릴까요?

B chī niú ròu ba.

吃牛肉吧。

소고기로 하겠습니다.

B yǒu méi yǒu zhòng guó bào zhǐ?

有没有中国报纸?

중국신문이 있습니까?

A yǒu rén mín rì bào.

有人民日报。

인민일보가 있습니다.

B qù fǔ shān jǐ fēn zhōng dào ā?

去釜山几分钟到啊?

부산까지는 몇 분 뒤에 도착합니까?

A dà gài yǒu liǎng gè xiǎo shí jiù dào.

大概有两个小时就到。

약 2시간 정도입니다.

A xiàn zài kě yǐ zài jī nèi gòu wù le.

现在可以在机内购物了。

지금부터 기내판매를 합니다.

B yáng jiǔ ná lái kàn yí xià, jiù zhè gè.

洋酒拿来看一下, 就这个。

양주를 보여주세요. 이것을 주세요.

A hǎo de.

好的。

잘 알겠습니다.

A ràng wǒ kàn yí xià hù zhào.

让我看一下护照。

여권을 보여주세요.

B hǎo de. zhè lǐ.

好的。这里。

예, 여기에 있습니다.

A nín rù jìng de mù dì shì shén me?

您入境的目的是什么?

입국의 목적은 무엇입니까?

B lǚ yóu.

旅游。

관광입니다.

A dǎ suàn dài duō cháng shí jiān?

打算待多长时间?

어느 정도 체류하시는지요?

B dǎ suàn dài shí tiān.

打算待十天。

10일간 체류 예정입니다.

A nnǐ zài nǎ ér zhù sù?

你在哪儿住宿?

어디에서 숙박하십니까?

B dǎ suàn zài guó jì dà jiǔ diàn zhù sù.

打算在国际大酒店住宿。

국제호텔에 숙박할 예정입니다.

tuō yùn de huò wù zài nǎ ér zhǎo?

拖运的货物在哪儿找?

수하물은 어디에서 찾습니까?

A nín zuò něi gè háng bān lái de?

您坐哪个航班来的?

타고 오신 항공편명은 무엇인가요?

B hán yà háng kōng 332 bān jī. xíng lǐ zài nǎ ér zhǎo?

韩亚航空 332班机。行李在哪儿找?

아시아나항공 332편입니다. 수하물은 어디에서 찾습니까?

🅐 zài nà ér zhǎo.

在那儿找。

저쪽에서 찾으십시오.

🅑 wǒ de xíng lǐ hái méi chū lái.

我的行李还没出来。

내 수화물이 아직 나오지 않았습니다.

🅐 xiàn zài bāng nín zhǎo ne. qǐng shāo děng.

现在帮您找呢。请稍等。

지금 찾고 있습니다. 잠시만 기다려주세요.

🅐 xíng lǐ jiù zhèi xiē ma?

行李就这些吗?

짐은 이것이 전부인가요?

🅑 shì de. jiù zhèi xiē.

是的。就这些。

예, 그렇습니다.

🅐 ràng wǒ kàn yí xià hù zhào hé hǎi guān shēn bào dān.

让我看一下护照和海关申报单。

여권과 세관신고서를 보여주세요.

🅑 hǎo. zài zhè lǐ.

好。在这里。

예, 여기 있습니다.

Ⓐ hái yǒu shēn bào de ma?

还有申报的吗?

또 신고할 것은 없으십니까?

Ⓑ bù. méi yǒu.

不。没有。

아니요, 없습니다.

Ⓐ dǎ kāi yī xià xíng lǐ bāo. zhè shì shén me?

打开一下行李包。这是什么?

가방을 열어주세요. 이것은 무엇입니까?

Ⓑ lǐ pǐn.

礼品。

선물입니다.

Ⓑ yǒu méi yǒu qù zhōng lù de dà bā?

有没有去钟路的大巴?

종로까지 가는 버스가 있습니까?

Ⓐ yǒu zhuān chéng dà bā.

有专程大巴。

리무진버스가 있습니다.

Ⓑ dào nǎ ér qù zuò zhuān chéng dà bā?

到哪儿去坐专程大巴?

리무진버스 타는 곳은 어디입니까?

A zài nàr.

在那儿。

저쪽입니다.

B dà bā piào zài nǎ ér mǎi?

大巴票在哪儿买?

버스표는 어디에서 구입합니까?

A zài nàr.

在那儿。

저쪽입니다.

A nín hǎo! zhè lǐ shì dà hán háng kōng.

您好! 这里是大韩航空。

안녕하세요. 대한항공입니다.

B duì bù qǐ, wǒ xiǎng què rèn yí xià yù yuē de háng bān.

对不起, 我想确认一下预约的航班。

죄송합니다만, 예약한 항공편을 재확인하고 싶습니다.

A néng bù néng shuō yí xià xìng míng hé jī hào?

能不能说一下姓名和机号?

이름과 항공편을 알려주세요.

B lǐ yīng jí. KAL 2707 bān jī, qù shàng hǎi de.

李英姬。KAL 2707班机, 去上海的。

이영희입니다. KAL 2707편, 상해로 가는 것입니다.

Ⓐ shén me shí hòu chū fā?

什么时候出发?

언제 출발하십니까?

Ⓑ 6 yuè 8 hào chū fā.

6月8号出发。

6월 8일 출발합니다.

Ⓐ què rèn hǎo le.

确认好了。

예약 확인하였습니다.

Ⓐ huān yíng guāng lín.

欢迎光临。

어서오세요.

Ⓑ wǒ yào dēng jì rù zhù.

我要登记入住。

체크인을 하고 싶습니다.

Ⓐ ràng wǒ kàn yī xià hù zhào.

让我看一下护照。

여권을 보여주세요.

Ⓑ hǎo de, zài zhè ér.

好的，在这儿。

예, 여기 있습니다.

Ⓐ nín yào jì cún jǐ gè xíng lǐ xiāng?

您要寄存几个行李箱?

맡기시는 짐은 몇 개입니까?

Ⓑ yào jì liǎng gè.

要寄两个。

2개입니다.

Ⓐ lǐ miàn yǒu guì zhòng pǐn huò róng yì suì de dōng xi ma?

里面有贵重品或容易碎的东西吗?

귀중품이나 깨지기 쉬운 물건은 없으십니까?

Ⓑ méi yǒu.

没有。

없습니다.

관광(旅游观光)

여행/관광업[9]이란 여행객과 숙박시설 및 운송기관 등에서 여행객에 대하여 예약·수배·알선 등을 제공하고, 일정액의 수수료를 획득하여 경영해 나가는 사업으로 관광진흥법 제3조 1항 1호에 의하며, "여행업이란 여행자 또는 운송시설, 숙박시설, 기타 여행에 부수되는 시설의 경영자 등을 위하여 당해 시설이용의 알선이나 계약체결의 대리, 여행에 관한 안내, 기타 여행의 편의를 제공하는 업"이라 정의하고 있다.

전 세계 관광호텔 예약 전문사이트 : www.hotelpass.com

---

9) 박복원, 의료관광일본어, 2010, p. 171.

관광 기본회화 观光基本会话

1. duì bù qǐ, gěi wǒ yì zhāng dì tú, shì nèi de.
   对不起, 给我一张地图, 市内的。
   죄송합니다만, 시내지도를 주십시오.

2. tǎ yī gōng yuán lí zhè lǐ yuǎn ma?
   塔一公园离这里远吗?
   여기서 파고다공원까지는 멉니까?

3. zhōng yāng yī yuàn zěn me zǒu?
   中央医院怎么走?
   중앙병원으로는 어떻게 가면 됩니까?

4. néng bù néng gào sù wǒ ā lǐ lǎng jiǔ diàn zěn me zǒu?
   能不能告诉我阿里朗酒店怎么走?
   아리랑호텔로 가는 길을 알려주십시오.

5. wǒ gěi nǐ dài lù, qǐng gēn wǒ lái.
   我给你带路, 请跟我来。
   제가 길을 안내하겠습니다. 저를 따라오십시오.

호텔 기본회화 酒店基本会话

1. wǒ men yào yì jiān jìng yì diǎn de fáng jiān。

   我们要一间静一点的房间。

   조용한 방을 주세요.

2. zhè lǐ de shuì hé fú wù fèi dōu bāo hán zài lǐ miàn ma?

   这里的税和服务费都包含在里面吗?

   세금과 서비스료가 포함되어 있습니까?

3. yǒu méi yǒu zài pián yi yí diǎn de fáng jiān?

   有没有再便宜一点的房间?

   좀 더 싼 방은 없습니까?

4. zài zhè lǐ tián yí xià xìng míng、dì zhǐ.

   在这里填一下姓名、地址。

   여기에 성함과 주소를 써주세요.

5. wǒ bāng nín dài dào fáng jiān.

   我帮您带到房间。

   방까지 안내해 드리겠습니다.

❄호텔 관련용어(酒店用语)

프런트	前台	qián tái
커피숍	咖啡厅	kā fēi tīng
로비	走廊	zǒu láng
휴대품보관소	携带品保管所	xié dài pǐn bǎo guǎn suǒ
엘리베이터	电梯	diàn tī
비상구	出口	chū kǒu
레스토랑	餐厅	cān tīng
식당, 호텔	饭店	fàn diàn
연회장	宴会场	yàn huì chǎng
나이트클럽	夜总会	yè zǒng huì
바	酒吧	jiǔ bā
회의장	会议场	huì yì chǎng
환전	兑币	duì bì
회계	会计	kuài ji
정산	决算	jué suàn
만실	满屋	mǎn wū
빈방	空屋	kōng wū
온돌방	暖炕屋	nuǎn kàng wū
방값	房间价格	fáng jiān jià gé
숙박부	住宿记录本	zhù sù jì lù běn

이발관	理发店	lǐ fà diàn
미용실	美发厅	měi fà tīng

❋객실 내부(房间内部)

침대	床	chuáng
텔레비전	电视	diàn shì
테이블	台桌	tái zhuō
나이트 테이블	床头桌	chuáng tóu zhuō
의자	椅子	yǐ zi
냉장고	冰箱	bīng xiāng
옷장	衣柜	yī guì
커튼	窗帘	chuāng lián
소파	沙发	shā fà
문	门	mén
타월	毛巾	máo jīn
세면대	洗脸池	xǐ liǎn chí
욕조	浴缸	yù gāng
물	水	shuǐ
샤워	冲洗	chōng xǐ
욕실용 매트	浴室脚垫	yù shì jiǎo diàn

화장실	卫生间	wèi shēng jiān
메시지	短信	duǎn xìn
룸서비스	客房服务	kè fáng fú wù
모닝콜	叫醒服务	jiào xǐng fú wù
객실번호	房间号码	fáng jiān hào mǎ
귀중품	贵重品	guì zhòng pǐn
팁	小费	xiǎo fèi

호텔 실용회화 酒店实用会话

Ⓐ huān yíng guāng lín.

欢迎光临。

어서오세요.

Ⓑ wǒ yào dēng jì rù zhù.

我要登记入住。

체크인을 하려고 합니다.

zài běi jīng dìng hǎo fáng jiān de.

在北京订好房间的。

북경에서 예약을 했습니다.

wǒ jiào zhèng míng xún.

我叫郑明勋。

저는 정명훈입니다.

Ⓐ qǐng shāo děng.

请稍等。

잠시 기다려주세요.

B gěi wǒ nòng gè jìng yì diǎn de fáng jiān.

给我弄个静一点的房间。

조용한 객실로 주세요.

A hǎo de. kě yǐ de.

好的。可以的。

예, 알겠습니다.

zài zhè lǐ xiě yī xià nín de xìng míng hé dì zhǐ.

在这里写一下您的姓名和地址。

여기에 이름과 주소를 적어주세요.

B xiàn zài kě yǐ dēng jì rù zhù ma?

现在可以登记入住吗?

지금 체크인이 가능합니까?

A xià wǔ liǎng diǎn yǐ hòu kě yǐ rù zhù.

下午两点以后可以入住。

오후 2시 이후에 입실할 수 있습니다.

A xíng li yuán huì gěi nín dài lù de, qǐng shāo děng.

行李员会给您带路的，请稍等。

벨맨이 안내해 드릴 것입니다. 잠시만 기다려주세요.

C ràng nín jiǔ děng le. wǒ dài nín dào fáng jiān.

让您久等了。我带您到房间。

많이 기다렸습니다. 객실까지 안내하겠습니다.

nín de fáng jiān shì 5 lóu 533 hào.

您的房间是5楼533号。

객실은 5층 533호실입니다.

fáng kǎ shì zì dòng de.

房卡是自动的。

객실키는 자동키입니다.

wǒ shì fù zé rén piáo míng xiù. nín de fáng jiān zhè lǐ zǒu.

我是负责人朴明秀。您的房间这里走。

저는 담당직원 박명수입니다. 객실은 이쪽입니다.

wǒ lái dài nín de xíng li.

我来带您的行李。

짐을 들고 가겠습니다.

B bài tuō le.

拜托了。

부탁드립니다.

C nín yǒu jǐ jiàn xíng li?

您有几件行李?

짐은 몇 개인가요?

B zǒng gòng yǒu 3 jiàn.

总共有3件。

전부 3개입니다.

C lǐ miàn yǒu róng yì suì de dōng xi ma?

里面有容易碎的东西吗?

깨지는 물건은 없으십니까?

B méi yǒu.

没有。

없습니다.

B wèi! shì kè fáng fú wù bù ma?

喂! 是客房服务部吗?

여보세요. 룸서비스인가요?

A shì de.

是的。

그렇습니다.

B zhè lǐ shì 988 hào fáng jiān, xiǎng jiào yí xià kè fáng fú wù yuán?

这里是988号房间, 想叫一下客房服务员?

여기는 988호입니다. 룸서비스를 부탁드립니다.

A kě yǐ de, qǐng wèn nín yǒu shén me shì?

可以的, 请问您有什么事?

네, 무엇을 도와드릴까요?

B gěi wǒ lái gè sān míng zhì hé yì bēi kā fēi.

给我来个三明治和一杯咖啡。

샌드위치와 커피를 주문하고 싶습니다.

A hǎo de, wǒ mǎ shàng bàn.

好的, 我马上办。

예, 알겠습니다.

B děi děng duō cháng shí jiān?

得等多长时间?

얼마 동안 기다려야 합니까?

A diǎn wán yǐ hòu yǒu 5 fēn zhōng jiù dào.

点完以后有5分钟就到。

주문한 후에 5분이면 바로 도착합니다.

B　wǒ xiǎng tuì fáng.

我想退房。

체크아웃을 하겠습니다.

A　hǎo de. wǒ gěi nín bàn lǐ yí xià. nín de fáng jiān hào?

好的。我给您办理一下。您的房间号?

예, 준비하겠습니다. 객실번호를 알려주세요.

B　988 hào fáng jiān, zhèng míng xūn.

988号房间，郑明勋。

988호실 정명훈입니다.

A　qǐng shāo děng.

请稍等。

잠시만 기다려주세요.

děng yī xià, wǒ lái bāng nín jié zhàng.

等一下，我来帮您结帐。

잠시 후에 계산을 도와드리겠습니다.

ràng nín jiǔ děng le.

让您久等了。

많이 기다렸습니다.

shuì hé fú wù fèi dōu jiā qǐ lái 30 wàn hán bì.
税和服务费都加起来30万韩币。
세금, 봉사료를 포함해서 전부 30만 원입니다.

B hǎo de.
好的。
예, 알겠습니다.

A qǐng wèn nín zěn me fù kuǎn?
请问您怎么付款?
지불은 어떻게 하시겠습니까?

B wǒ yòng xiàn jīn lái fù kuǎn.
我用现金来付款。
현금으로 지불하겠습니다.

A qǐng nín zài zhè lǐ qiān míng.
请您在这里签名。
여기에 서명을 부탁드립니다.

shōu le 40 wàn hán yuán.
收了40万韩元。
40만 원을 받았습니다.

gěi nín tuì 5 wàn hán yuán.

给您退5万韩元。

5만 원을 돌려드립니다.

qǐng nín tuì huán fáng kǎ.

请您退还房卡。

객실키를 돌려주세요.

xiè xiè lì yòng wǒ men de jiǔ diàn.

谢谢利用我们的酒店。

우리 호텔을 이용해 주셔서 감사합니다.

huān yíng xià cì lái zuò kè.

欢迎下次来作客。

다음에도 꼭 방문해 주세요.

레스토랑 기본회화 用餐基本会话

1. néng bù néng jiè shào yí xià yǒu míng de cān guǎn?
   能不能介绍一下有名的餐馆?
   유명한 레스토랑을 소개해 주시겠습니까?

2. zhè fù jìn yǒu méi yǒu hán guó liào lǐ diàn?
   这附近有没有韩国料理店?
   이 근처에 맛있는 한국 음식점이 있습니까?

3. qǐng gào sù wǒ zěn me chī.
   请告诉我怎么吃。
   먹는 방법을 가르쳐주세요.

4. rì cān hé xī cān xǐ huān nǎ yí gè?
   日餐和西餐喜欢哪一个?
   일식과 양식 중 어느 것을 좋아합니까?

5. wǒ men diǎn de liào lǐ hái méi chū lái ne.
   我们点的料理还没出来呢。
   주문한 요리가 아직 안 나왔습니다.

요리용어 料理用语

❀요리의 재료(料理材料)

niú ròu 牛肉 쇠고기	zhū ròu 猪肉 돼지고기	jī ròu 鸡肉 닭고기
yáng ròu 羊肉 양고기	jī dàn 鸡蛋 계란	gān 肝 간
xiān yú 鲜鱼 생선	xiā 虾 새우	yóu yú 鱿鱼 오징어
háo 蚝 굴	hǎi mán 海鳗 뱀장어	bào yú 鲍鱼 전복
hǎi shēn 海参 해삼	hǎi bèi 海贝 조개	shí yòng yóu 食用油 식용유
dòu fu 豆腐 두부	yú jiàng 鱼酱 젓갈	mǐ 米 쌀
mài 麦 보리	xiǎo mài 小麦 밀	zhī má 芝麻 참깨

🎔야채(蔬菜)

bái cài 白菜 배추	luó bo 萝卜 무	dà suàn 大蒜 마늘	hú luó bo 胡萝卜 당근
cōng 葱 파	yáng cōng 洋葱 양파	dòu yá 豆芽 콩나물	ài cǎo 艾草 쑥
mó gū 蘑菇 버섯	sōng róng 松茸 송이버섯	xiāng gū 香菇 표고버섯	zhú sǔn 竹笋 죽순
tǔ dòu 土豆 감자	dì guā 地瓜 고구마	yù tóu 芋头 토란	má 麻 마
bō cài 菠菜 시금치	shēng jiāng 生姜 생강	shā cān 沙参 더덕	qín cài 芹菜 미나리
lián ǒu 莲藕 연뿌리	tóng hāo 茼蒿 쑥갓	shēng cài 生菜 상추	huáng guā 黄瓜 오이
jiǔ cài 韭菜 부추	niú bàng 牛蒡 우엉	jué cài 蕨菜 고사리	qié zi 茄子 가지
jié gěng 桔梗 도라지	nán guā 南瓜 호박	juàn xīn cài 卷心菜 양배추	qīng jiāo 青椒 피망

❀조리법(烹饪方法)

dāo qiē 刀切 썰다	shuǐ xǐ 水洗 씻다	bāo 剥 벗기다
dǎo suì 捣碎 으깨다	fěn suì 粉碎 갈다	duò 剁 다지다
pōu 剖 가르다	hùn hé 混合 섞다	yóu zhá 油炸 튀기다
pào 泡 담그다	hé miàn 和面 반죽하다	shāo kǎo 烧烤 굽다
jiǎo dǎ 搅打 거품내다	shāi 筛 체로 치다	jiān 煎 지지다
tàng 烫 데치다	zhēng 蒸 찌다	chǎo 炒 볶다
zhǔ 煮 끓이다	dùn 炖 조리다	bàn 拌 무치다
nòng liáng 弄凉 차게 하다	rè yí xià 热一下 데우다	zuò fàn 做饭 밥을 짓다

✿음료수(饮料)

chá 茶 차	hóng chá 红茶 홍차	dà mài chá 大麦茶 보리차
yòu zi chá 柚子茶 유자차	shēng jiāng chá 生姜茶 생강차	yǐ mǐ chá 苡米茶 율무차
rén sēn chá 人参茶 인삼차	yù mǐ chá 玉米茶 옥수수차	kā fēi 咖啡 커피
bīng kā fēi 冰咖啡 아이스커피	níng méng chá 柠檬茶 레몬차	guǒ zhī 果汁 주스
chéng zhī 橙汁 오렌지 주스	kě kǒu kě lè 可口可乐 코카콜라	bīng shuǐ 冰水 빙수
niú nǎi 牛奶 우유	qì shuǐ 汽水 사이다	pú táo jiǔ 葡萄酒 와인
wēi shì jì 威士忌 위스키	bái lán dì 白兰地 브랜디	jī wěi jiǔ 鸡尾酒 칵테일
shāo jiǔ 烧酒 소주	rì běn qīng jiǔ 日本清酒 일본청주	pí jiǔ 啤酒 맥주

✿패스트 푸드 메뉴(快餐)

hàn bǎo 汉堡 햄버거	zhá zhū ròu pái 炸猪肉排 돈가스	sān míng zhì 三明治 샌드위치
lā miàn 拉面 라면	hé lā miàn 盒拉面 컵라면	yì dà lì miàn 意大利面 스파게티
qiáo mài miàn 荞麦面 메밀국수	wū dōng miàn 乌冬面 우동	zǐ cài bāo fàn 紫菜包饭 김밥
huǒ guō 火锅 전골	kǎo xiān yú 烤鲜鱼 생선구이	hé fàn 盒饭 도시락
wō wō tóu 窝窝头 주먹밥	dìng cān 定餐 정식	zhàn zhe chī de miàn tiáo 站着吃的面条 서서 먹는 국수
yuán nuò gāo 圆糯糕 수수경단	qīng tāng 清汤 맑은 국	yóu dòu fǔ 油豆腐 유부
dùn 炖 조림	shā lā 沙拉 샐러드	cù bàn liáng cài 醋拌凉菜 초무침

❋ 생선회 재료(生肉片材料)

jīn qiāng yú 金枪鱼 다랑어	qīng qiāng yú 青枪鱼 가다랑어	huáng shī yú 黄狮鱼 방어
gǔ yǎn yú 古眼鱼 전어	shēn 鲹 전갱이	qīng huā yú 青花鱼 고등어
gé lí ròu 蛤蜊肉 조갯살	diāo yú 鲷鱼 도미	piān kǒu yú 偏口鱼 넙치
shā hǎi láng 砂海螂 왕우럭조개	táng láng xiā 螳螂虾 갯가재	xiā 虾 새우
zhāng yú 章鱼 낙지	niǎo bèi 鸟贝 새조개	hǎi luó 海螺 소라
yóu yú 鱿鱼 오징어	gàn bèi 干贝 가리비	bào yú 鲍鱼 전복
yánzì guī yú luǎn 盐渍鲑鱼卵 연어알	hǎi dǎn 海胆 성게	tún huó yú piàn 鲀活鱼片 복회
pīn pán 拼盘 모듬	gàn qīng yú zǐ 干青鱼子 말린 청어알	

식사 실용회화 用餐实用会话

B wǒ men xiǎng yuē zài 7 diǎn yòng cān.

我们想约在7点用餐。

7시에 식사 예약을 하고 싶습니다.

A qǐng wèn yǒu jǐ wèi?

请问有几位?

몇 분입니까?

B yǒu 5 wèi.

有5位。

5명입니다.

A hǎo de. qǐng nín gào sù wǒ nín de xìng míng.

好的。请您告诉我 您的姓名。

예, 성함을 알려주세요.

B jīn zhì xián.

金智贤。

김지현입니다.

A qǐng shāo děng.

请稍等。

잠시만 기다려주세요.

B nín hǎo! wǒ men shì xiān dōu dìng hǎo le. jiào zhèng míng xūn.

您好!我们事先都订好了。叫郑明勋。

안녕하세요. 사전에 예약한 정명훈입니다.

A ràng nín jiǔ děng le.

让您久等了。

많이 기다렸습니다.

zhèng xiān shēng, qǐng gēn wǒ lái.

郑先生,请跟我来。

정 선생님 저를 따라오세요.

zhè lǐ. nín qǐng zuò.

这里。您请坐。

이쪽입니다. 앉으세요.

B ràng wǒ kàn yí xià cài pǔ.

让我看一下菜谱。

메뉴를 보여주세요.

A hǎo de, qǐng shāo děng.

好的，请稍等。

예, 잠시만 기다려주세요.

B nǐ men jiā zuì hǎo chī de shì shén me?

你们家最好吃的是什么?

여기서 가장 유명한 음식은 무엇인가요?

A shēng ròu piàn tào cān.

生肉片套餐。

생선회 정식입니다.

B hǎo, nà jiù lái nà gè ba.

好，那就来那个吧。

네, 그것으로 하겠습니다.

A hái yào diǎn qí tā de ma?

还要点其他的吗?

다른 주문을 하시겠습니까?

B lái sān píng hǎi tè pí jiǔ.

来三瓶海特啤酒。

하이트 맥주 3병을 주세요.

Ⓐ hǎo de.

好的。

예, 알겠습니다.

ràng gè wèi jiǔ děng le.

让各位久等了。

많이 기다렸습니다.

qǐng gè wèi màn yòng.

请各位慢用。

천천히 드세요.

Ⓑ zài nǎ ér jié zhàng?

在哪儿结帐?

계산은 어디서 합니까?

Ⓐ zài nàr jié zhàng.

在那儿结帐。

저쪽에서 계산하세요.

Ⓑ wǒ men de zǒng gòng shì duō shǎo qián?

我们的总共是多少钱?

계산은 모두 얼마인가요?

Ⓐ zǒng gòng shì 20 wàn hán yuán。

总共是20万韩元。

모두 20만 원입니다.

Ⓑ hǎo de. wǒ lái fù.

好的。我来付。

예, 제가 지불하겠습니다.

Ⓐ zǒng gòng shōu le 22 wàn hán yuán.

总共收了22万韩元。

22만 원 받았습니다.

gěi nín zhǎo 2 wàn hán yuán.

给您找2万韩元。

2만 원은 돌려드립니다.

gěi nín fā piào, qǐng què rèn yí xià.

给您发票，请确认一下。

영수증 드리겠습니다. 확인하세요.

쇼핑 기본회화 购物基本会话

1. hán guó zuì dà de gòu wù zhōng xīn zài nǎ ér?

   韩国最大的购物中心在哪儿?

   한국에서 제일 큰 쇼핑센터는 어디에 있습니까?

2. zhào xiàng jī guì zài nǎ ér?

   照相机柜在哪儿?

   카메라 매장은 어디입니까?

3. duì bù qǐ, ràng wǒ kàn yí xià chèn shān, nà gè bái sè de.

   对不起, 让我看一下衬衫, 那个白色的。

   미안합니다만, 저 흰 셔츠를 보여주세요.

4. zěn me yàng, hé bù hé shēn?

   怎么样, 合不合身?

   어떻습니까, 맞습니까?

5. néng bù néng gěi wǒ dǎ zhé?

   能不能给我打折?

   할인을 해주실 수 있습니까?

쇼핑 관련용어 购物用语

쇼핑용어(购物用语)

백화점	百货商店	bǎi huò shāng diàn
전문점	专门店	zhuān mén diàn
슈퍼마켓	超市	chāo shì
할인점	廉价商店	lián jià shāng diàn
약국	药局	yào jú
면세점	免税店	miǎn shuì diàn

용어정리(穿着用语)

상의	上衣	shàng yī
(남)양복, (여)슈트	(男)西服 (女)套装	(nán)xī fú (nǚ)tào zhuāng
재킷	夹克	jiá kè
바지	裤子	kù zi
스웨터	毛衣	máo yī

조끼	马夹	mǎ jiá
넥타이	领带	lǐng dài
셔츠	衬衫	chèn shān
와이셔츠	衬衫	chèn shān
카디건	开襟衣	kāi jīn yī
속옷	内衣	nèi yī
잠옷	睡衣	shuì yī
원피스	连衣裙	lián yī qún
지퍼	拉锁	lā suǒ
치마	裙子	qún zi
블라우스	罩衫	zhào shān
T셔츠	T桖衫	T xuè shān
청바지	牛仔裤	niú zǎi kù
팬티	裤衩	kù chǎ
브래지어	乳罩	rǔ zhào
양말	袜子	wà zi
스타킹	尼龙袜	ní lóng wà
옷깃	衣领	yī lǐng
손수건	手绢	shǒu juàn
단추	衣扣	yī kòu
긴소매	长袖	zhǎng xiù

반소매	短袖	duǎn xiù
소매 없음	无袖	wú xiù
둥근 카라	圆领	yuán lǐng
울	羊毛	yáng máo
화학섬유	化学纤维	huà xué xiān wéi
면직물	棉	mián
삼/모시	苎麻	zhù má
주단	绸缎	chóu duàn
나일론	尼龙	ní lóng
사이즈	尺寸	chǐ cùn
짧다	短	duǎn
길다	长	cháng
크다	大	dà
작다	小	xiǎo
헐겁다	肥	féi
끼다	紧	jǐn
데님(denim)	丁尼布	dīng ní bù
사틴(satin)	沙丁布	shā dīng bù
디자인	设计	shè jì
호주머니	衣兜	yī dōu

쇼핑 실용회화 购物实用会话

A nín xiǎng mǎi shén me?

您想买什么?

무엇을 찾으십니까? 무엇을 사려고 합니까?

B xiān kàn yī kàn zài shuō,

先看一看再说,

(상품을) 먼저 본 다음에 말씀드리겠습니다.

hán guó zuì dà de gòu wù zhōng xīn zài nǎ ér?

韩国最大的购物中心在哪儿?

한국에서 제일 큰 쇼핑센터는 어디에 있습니까?

A zǒu lù zǒu 5 fēn zhōng jiù yǒu yī jiā dà xíng bǎi huò shāng diàn.

走路走5分钟就有一家大型百货商店。

걸어서 5분 정도 가시면 큰 백화점이 있습니다.

B jǐ diǎn dào jǐ diǎn kāi mén?

几点到几点开门?

(영업시간은) 몇 시부터 몇 시까지입니까?

Ⓐ shàng wǔ 10 diǎn dào xià wǔ 8 diǎn kāi mén,

上午10点到下午8点开门,

오전 10시부터 오후 8시까지 영업합니다.

xiàn zài zhèng hǎo shì dǎ zhé qī jiān.

现在正好是打折期间。

지금 때마침 특별할인을 하고 있습니다.

Ⓐ huān yíng guāng lín. nín zhǎo shén me?

欢迎光临。您找什么?

어서오세요. 무엇을 찾으십니까?

Ⓑ xiǎng gěi jiā rén mǎi diǎn lǐ wù.

想给家人买点礼物。

가족에게 선물할 것을 사려고 합니다.

yǒu méi yǒu tóu jīn?

有没有头巾?

스카프는 없습니까?

Ⓐ hǎo de. 2 lóu yǒu shì pǐn guì tái, nà lǐ yǒu mài de.

好的。2楼有饰品柜台, 那里有卖的。

예, 2층의 액세서리 코너에 가시면 그곳에 있습니다.

313

B duì bù qǐ, nín gěi wǒ ná nà jiàn chèn shān, bái sè de.

对不起, 您给我拿那件衬衫, 白色的。

죄송합니다. 저 흰 셔츠를 보여주세요.

A hǎo de. zěn me yàng?

好的。怎么样?

예, 어떻습니까?

B chǐ cùn bú duì.

尺寸不对。

사이즈가 맞지 않습니다.

yǒu méi yǒu xiǎo yī hào de?

有没有小一号的?

좀 작은 사이즈는 없습니까?

gěi wǒ kàn yī kàn bié de ba.

给我看一看别的吧。

다른 것을 보여주세요.

zěn me yàng? hé bù hé shēn?

怎么样? 合不合身?

어떻습니까? 잘 어울립니까?

🅐 tǐng hé shēn de.

挺合身的。

잘 어울립니다.

🅑 nà jiù wǒ mǎi zhè jiàn ba, duō shǎo qián?

那就我买这件吧，多少钱?

그럼 이것으로 하겠습니다. 얼마입니까?

🅐 shí wǔ wàn hán yuán.

15万韩元。

15만 원입니다.

🅑 yǒu diǎn guì.

有点贵。

예, 조금 비싼 것 같습니다.

néng bù néng gěi wǒ pián yi yì diǎn?

能不能给我便宜一点?

좀 할인해 주실 수 있습니까?

🅐 shí sān wàn xíng bù xíng?

13万行不行?

13만 원이면 어떠세요?

B zǒng gòng duō shǎo qián?

总共多少钱?

전부 얼마입니까?

A sān shí jiǔ wàn hán yuán.

39万韩元。

39만 원입니다.

shōu le sì shí wàn hán yuán.

收了40万韩元。

40만 원을 받았습니다.

gěi nín yí wàn hán yuán.

给您1万韩元。

1만 원을 돌려드리겠습니다.

B gěi wǒ kāi yì zhāng fā piào.

给我开一张发票。

영수증을 부탁드립니다.

A zhè shì nín de fā piào.

这是您的发票。

영수증 여기 있습니다.

1. 신체의료용어 简明身体医学用语

머리	头	tóu
정수리	囟门	xìn mén
후두부	后脑勺	hòu nǎo sháo
두피	头皮	tóu pí
뇌	脑	nǎo
머리카락	头发	tóu fà
모근	毛根	máo gēn
얼굴	脸	liǎn
이마	额头	é tóu
관자놀이	太阳穴	tài yáng xué
눈썹	眉毛	méi máo
눈꺼풀	眼皮	yǎn pí
속눈썹	捷毛	jié máo
뺨	面颊	miàn jiá
광대뼈	颧骨	quán gǔ

귀	耳朵	ěr duo
귓볼	耳垂	ěr chuí
코	鼻子	bí zi
콧대, 콧날	鼻梁	bí liáng
입	嘴	zuǐ
혀	舌头	shé tóu
입술	嘴唇	zuǐ chún
보조개	酒窝	jiǔ wō
턱	下巴	xià bā
턱뼈	颏骨	kē gǔ
경추	颈椎	jǐng zhuī
목덜미	脖子	bó zi
후두	喉头	hóu tóu
겨드랑이	腋窝	yè wō
상박	上臂	shàng bì
팔꿈치	胳膊肘	gē bo zhǒu
팔뚝	小臂	xiǎo bì
손목	手腕	shǒu wàn
손바닥	手掌	shǒu zhǎng
손등	手背	shǒu bèi
손가락	手指	shǒu zhǐ

엄지손가락	大拇指	dà mǔ zhǐ
집게손가락	食指	shí zhǐ
가운데손가락	中指	zhōng zhǐ
약손가락	无名指	wú míng zhǐ
손톱	指甲	zhǐ jiǎ
손가락의 관절	指关节	zhǐ guān jié
표피	外皮	wài pí
손거스러미	倒刺儿	dǎo cì ér
페니스	阳物	yáng wù
고환	睾丸	gāo wán
음낭	阴囊	yīn náng
질	阴道	yīn dào
음순	阴唇	yīn chún
등	背	bèi
어깨	肩膀	jiān bǎng
가슴	胸	xiōng
유방	乳房	rǔ fǎng
횡격막	横隔膜	héng gé mó
허리	腰	yāo
옆구리	肋下	lèi xià
배	肚子	dù zǐ

배꼽	肚脐	dù qí
가랑이	叉儿	chā ér
골반	骨盆	gǔ pén
궁둥이	屁股	pì gǔ
항문	肛门	gāng mén
정강이	胫	jìng
종아리	小腿	xiǎo tuǐ
발목	脚脖子	jiǎo bó zi
아킬레스건	足筋腱	zú jīn jiàn
발	脚	jiǎo
발등	脚背	jiǎo bèi
발바닥	脚掌	jiǎo zhǎng
발바닥의 중심	脚掌心	jiǎo zhǎng xīn
발뒤꿈치	脚后跟	jiǎo hòu gēn
발가락	脚丫子	jiǎo yā zi
발톱	脚指甲	jiǎo zhǐ jiǎ

2. 성형수술용어 整容手术用语

눈 성형수술	眼睑整形术	BlepharoPlasty
매몰법(내측/중간형/외측)	潜伏裂缝(内中外)	D/F-B/S (Buried suture) (in/int/out)
부분 절개법	部分切除术	D/F-P/I (partial incision)
절개법(내측/중간형/외측)	切除术(内中外)	D/F - I (incision) (in/int/out)
노인성 안검하수 교정술	老年性上脸下垂	Senile Ptosis correction
상안검 성형술	上眼睑除皱术	U/B (Upper Blepharoplasty)
하안검 성형술	去眼袋手术	L/B (Lower Blepharoplasty)
눈확대 수술	腱膜修复	AR (Aponeurosis Repair)
앞트임 수술	内眼角(眦裂)矫正术	Med. epi. (Med. Epicanthoplasty)
뒷트임 수술	外眼角(眦裂)矫正术	Lat. epi. (Lat. Epicanthoplasty)
외안각고정술/성형술	外眼角眦固定术/眦成形术	Canthopexy/Canthoplasty
눈썹 거상술	眉提升术	Brow lift, Browpexy

코 성형술	鼻整形术	Rhinoplasty
콧등수술	鼻梁手术	Dorsum Aug.
코끝수술(귀연골)	鼻尖整形术/(耳软骨)	Tip surgery (Ear catilage graft)

코끝수술(중격연골)	自体软骨隆鼻手术	Tip surgery (Septal catilage graft)
절골술	截骨手术	Osteotomy
콧망울 축소	鼻翼缩小术	Alar base resection/reduction
매부리코 교정	驼峰鼻矫正	Hump nose correction
휜코 교정	歪鼻矫正	Deviated nose correction
주먹코(블버스) 교정	C型歪鼻	Bullbous nose correction
주먹코(복시) 교정	方形鼻较正	Boxy nose correction
짧은 코 교정	短鼻矫正	Short nose correction
긴 코 교정	长鼻矫正	Long nose correction
화살코 교정	箭鼻矫正	Arrow nose correction

지방 이식/필러 주입	自体脂肪移植/注射填充物	Fat Graft/Filler Injection
이마	前额	Forehead
관자놀이	颞区	Temporal area
꺼진 눈	眼窝凹陷	Sunken eye
애교주름	鱼尾纹	Lower pretarsal area
인디언 라인	鼻颊沟	Nasojugal trough
앞 광대	前颧骨区	Zygoma area
빰	脸颊	Cheek
팔자주름	鼻唇沟	Nasolabial fold
입술(위/아래) 확대	嘴唇扩大术(上/下)	Lips(upper/lower) aug
입가 주름	唇角整形	Mariotte's line
턱끝	下颌骨	Mentum=Chin
콧대/코끝	鼻背/鼻尖	Dorsum of nose/tip of nose

손등	手背	Dorsum of hand
귓볼	耳小叶	Ear lobule

안면 거상술(안면 회춘술)	面部整容	Face Lift (Face Rytidectomy)
중안면 주름제거 수술	面中部拉皮术	Mid face lift
이마 주름제거 수술	除额纹	Forehead lift
목 주름제거 수술	颈部拉皮术	Neck lift

컨투어 리프트(비절개식)	轮廓线拉皮	Contour thread lift

엔도타인 이마 거상술	额头提拉术	Forehead lift by endotine device

유방성형	隆乳	Mammaplasty
유방확대	隆胸	Breast Augmentation
유방축소	乳房缩小术	Breast Reduction
유방고정술	乳房固定术	Mastopexy
유두축소	乳头缩小整形术	Nipple Reduction
유두확대	乳头增大	Nipple Augmentation
함몰유두 교정	乳头内陷矫正术	Inverted nipple correction

지방흡입/지방성형	吸脂术/脂肪抽吸术	Liposuction/Lipoplasty
얼굴	脸	Face
목	颈	Neck
팔	胳膊	Arm
등	背	Back

복부	腹部	Abdomen
엉덩이	臀部	Hip
허벅지	大腿	Thigh
종아리	小腿	Calf

안면윤곽 수술	人脸轮廓手术	Face Contour operation
사각턱축소술	下颌角肥大缩小术	Mandibular Angle Reduction
광대뼈 축소술	颧骨缩小术	Zygoma Reduction
무턱 교정술	小颏畸形收藏指正	Augmentation Mentoplasty
돌출입 교정수술	上颌前部截骨术	ASO(Ant. Segmental Osteotomy)
주걱턱 교정수술	宽颏畸形矫正	Reduction Mentoplasty
귀족수술	垫鼻基底手术	Premaxillary Augmentation
이마확대술	额面部充填术	Forehead Augmentation

모발이식	毛移植术	Hair transplantation
대머리	秃头	Bold head
눈썹	眉毛	Brow
속눈썹	眼睫毛	Eyelash
음모	阴毛	Pubic hair

쁘띠 시술(Petit Procedure)	填充物	BotoxandFiller
이마 주름	额纹	Forehead line
미간 주름	眉纹	Glabeallar line
눈가/눈밑	眼袋/下眼睑	Crow's feet/ lower eyelid wrinkie

팔자주름	鼻唇沟	Nasolabial fold
교근(턱)	咬筋	Masseter
종아리	小腿	Calf

고주파 시술	高频手术	Radiofrequency Procedure
교근(턱)	咬筋	Masseter
종아리	小腿	Calf

보조개	酒窝手术	Dimple operation(op)

흉터제거	疤痕修复	Scar revision

3. 의료에이전시 등록서류[10)]

가. 외국인환자 유치사업의 등록 배경 및 목적

1) 추진배경

○ 의료법 개정 제27조의2에 따라 외국인환자를 유치하려는 의료기관 및 유치업자는
의료법 및 보건복지부령에서 정한 요건을 갖추어 의무적으로 등록하여야 함

2) 사업목적

○ 외국인환자를 유치하려는 의료기관 및 유치업자에게 일정요건을 갖춰 등록하게 함
으로써 무분별한 외국인환자 유치행위로 인한 국내 의료 시장질서 혼탁화를 방지
하고 지속적으로 관리할 수 있는 제도적 장치로 활용하기 위함

○ 외국인환자 유치 과다경쟁으로 인한 공공 의료서비스의 질적 저하를 막고 미자격
의료기관 및 유치업자의 난립으로 인해 발생할 수 있는 한국의료서비스의 대외 이
미지 실추를 방지하기 위함

3) 추진경과

의료법 개정 전

○ 의료법 제27조(무면허 의료행위 등 금지) ③ 누구든지 「국민건강보험법」이나 「의
료급여법」에 따른 본인부담금을 면제하거나 할인하는 행위, 금품 등을 제공하거나
불특정 다수인에게 교통편의를 제공하는 행위 등 영리를 목적으로 환자를 의료기
관이나 의료인에게 소개·알선·유인하는 행위 및 이를 사주하는 행위를 하여서는
아니 된다. 다만, 환자의 경제 사정 등 특정한 사정이 있어서 관할 시장 군수 구청
장의 사전승인을 받을 경우에는 그러지 아니한다.

---

10) 한국보건산업진흥원(www.khidi.or.kr).

【벌칙】

◇ 제27조제3항을 위반한 자: 3년 이하의 징역이나 1천만원 이하의 벌금

【행정처분】

◇ 법 제27조제3항을 위반하여 영리를 목적으로 환자를 의료기관이나 의료인에게 소개 알선 그 밖에 유인하거나 이를 사주하는 행위를 한 경우: 자격정지 2개월

의료법 개정 전(판례)

(의료법 위반에 관한 판례, 대법원 2004. 10. 27. 선고 2004도 5724 판결)

구 의료법(2002. 3. 30 법률 제6686호로 개정되기 전의 것) 제25조 제3항의 '소개 · 알선'이라고 함은 환자와 특정 의료기관 또는 의료인 사이에서 치료위임계약의 성립을 중개하거나 편의를 도모하는 행위를 말하고, '유인'이라 함은 기망 또는 유혹을 수단으로 환자로 하여금 특정 의료기관 또는 의료인과 치료위임계약을 체결하도록 유도하는 행위를 말하며, '이를 사주하는 행위'라고 함은 타인으로 하여금 영리를 목적으로 환자를 특정 의료기관 또는 의료인에게 소개 · 알선 · 유인할 것을 결의하도록 유혹하는 행위를 말하고, 위 조항은 의료인 또는 의료기관 개설자가 아닌 자의 환자 유인행위 등을 금지함은 물론 의료인 또는 의료기관 개설자의 환자 유인행위나 그 사주행위까지도 금지하는 취지이다.

의료법 개정

○ 2009년 1월 30일 의료법 개정(외국인에 한정 유치 행위 허용)

의료법 제27조(무면허 의료행위 등 금지) ③ 누구든지 「국민건강보험법」이나 「의료급여법」에 따른 본인부담금을 면제하거나 할인하는 행위, 금품 등을 제공하거나 불특정 다수인에게 교통편의를 제공하는 행위 등 영리를 목적으로 환자를 의료기관이나 의료인에게 소개 · 알선 · 유인하는 행위 및 이를 사주하는 행위를 하여서는 아니 된다. 다만, 다음 각 호의 어느 하나에 해당하는 행위는 할 수 있다.

1. 환자의 경제적 사정 등을 이유로 개별적으로 관할 시장·군수·구청장의 사전승인을 받아 환자를 유치하는 행위
2. 「국민건강보험법」 제93조에 따른 가입자나 피부양자가 아닌 외국인(보건복지부령으로 정하는 바에 따라 국내에 거주하는 외국인은 제외한다) 환자를 유치하기 위한행위

가. 외국인환자 유치사업 등록 개요

1) 외국인환자 유치사업 대상 및 제한

○ 외국인환자 유치활동의 허용 대상은 「국민건강보험법」 제93조에 따른 가입자나 피부양자가 아닌 외국인에 한정하며 보건복지부령이 정하는 바에 따라 유치활동이 불가한 국내에 거주하는 외국인은 아래와 같음
　－「출입국관리법」 제31조에 따라 외국인등록을 한 사람
　　(출입국관리법시행령 제12조 및 별표1에 따른 기타(G-1)의 체류자격을 가진 사람은 제외함)
　－「재외동포의 출입국과 법적지위에 관한 법률」 제6조에 따라 국내거소신고를 한외국국적동포
○ 「보험업법」 제2조에 따른 보험회사, 상호회사, 보험설계사, 보험대리점 또는 보험중개사는 외국인환자를 유치하기 위한 행위가 금지됨
○ 상급종합병원(종합전문요양기관)의 경우 의료법 제27조의2제5항에 따라 병상수의100분의 5를 초과하여 외국인환자를 유치할 수 없음

2) 외국인환자 유치사업 등록 대상 및 접수

○ 「국민건강보험법」 제93조에 따른 가입자나 피부양자가 아닌 외국인환자에 대한 유치 활동을 허용하는 내용으로 「의료법」이 개정(법률 제9386호, 2009. 1. 30. 공포, 5. 1. 시행)됨에 따라 외국인환자 유치사업 등록을 위한 사전접수를 '09. 4. 28일부터 받도록 함(등기우편 또는 방문접수)

○ 외국인환자 유치사업 등록 대상은 외국인환자를 유치하고자 하는 국내 의료기관 및 유치업자로 정하며 의료법 제27조의2에 따라 외국인환자를 유치하고자 하는 의료기관 및 유치업자는 일정 요건을 갖추어 등록하여야 함

○ 외국인환자 유치사업 등록업무 및 사업실적 보고는 한국보건산업진흥원이 위탁받아 수행함

의료법시행령 제42조(업무의 위탁)

② 법 제86조제2항에 따라 보건복지부장관은 다음 각 호의 업무를 「한국보건산업진흥원법」에 따른 한국보건산업진흥원에 위탁한다.

1. 법 제27조의2제1항 및 제2항에 따른 등록 업무(등록 요건 검토는 포함하되, 등록 여부 결정 및 등록증 발행·재발행은 제외한다)

2. 법 제27조의2제3항에 따른 사업실적 보고 업무

③ 제1항 및 제2항에 따라 업무를 위탁받은 각 중앙회장 및 한국보건산업진흥원은 위탁받은 업무의 처리 내용을 보건복지부령으로 정하는 바에 따라 보건복지부장관에게 보고하여야 한다.

○ 외국인환자 유치사업 등록접수는 한국보건산업진흥원에서 '09. 4. 28일부터 수시로 받고 있으며 등록신청서 제출 후 20일 이내에 등록증을 교부받을 수 있음
  - 처리기간은 '일'단위로 계산하고 초일을 산입하되, 공휴일을 산입하지 않음(민원사무처리에 관한 법률 제6조제2항)

○ 한국보건산업진흥원은 신청서 및 구비서류를 접수·검토하여 보건복지부에 그 내용을 알림. 복지부는 등록요건에 적합한 경우 등록증을 발행하여 진흥원에 송부하고, 진흥원은 발행된 등록증을 신청자에게 통보 및 교부함

○ 등록 신청 시 대표자 본인이 직접 방문할 경우는 신분증을 지참하고 대리인이 신청할 경우는 대표자의 신분증 사본 및 위임장을 제출함(우편접수 시 대표자 신분증 사본 제출)

한국보건산업진흥원 위탁 업무 내용
- 외국인환자 유치 의료기관 및 유치업자 등록 업무 위탁 수행
- 신청서 접수, 검토 및 등록증 교부, 통보 등
- 외국인환자의 유치 사업 실적보고 업무 수행
- 외국인환자 국적, 성별 및 출생연도, 진료과목, 입원기간 등 실적 보고

3. 외국인환자 유치사업 등록 요건

1) 외국인환자 유치 의료기관 등록 요건

○ 외국인환자 유치 의료기관의 등록 요건 사항은 다음과 같음

- 유치하고자 하는 외국인환자 진료과목의 전문의 1인 이상. 다만, 진료과목이 「전문의의 수련 및 자격인정 등에 관한 규정」 제3조에 따른 전문과목이 아닌 경우는 제외함

※ 재직증명서 등을 통해 진료과목 전문의가 현재 병원에 근무하고 있음을 증명하도록 함

2) 외국인환자 유치 의료기관 등록 신청 시 제출서류

○ 외국인환자 유치 관련 등록 신청을 희망하는 의료기관은 등록신청서와 함께 아래의 서류를 구비하여 제출하여야 함

- 의료기관 개설신고 증명서 또는 개설허가증 사본 1부
- 사업계획서 1부(기관소개, 사업목적 및 주요사업내용, 업무 조직 등 포함-별표2 참조)
- 진료하고자 하는 외국인환자 진료과목 전문의의 명단 및 자격증 사본(치과, 한의과 등은 의사 명단 및 자격증 사본 제출)
- 사업자등록증 사본 1부

4. 외국인 진료예약 확인서

외국인 진료예약 확인서
Confirmation of Treatment Reservation Made by International Patient

예약번호 Reservation Number		환자성명 Patient's Name*	
국 적 Nationality		생년월일 Year, Month and Date of Birth	
여권번호 Passport Number		여권 만료일 Passport Expiration Date	
보호자 성명 Name of the Accompanying Person*		환자와의 관계 Relation to the Patient	
국 적 Nationality		생년월일 Year, Month and Date of Birth	
여권번호 Passport Number		여권 만료일 Passport Expiration Date	
주 소 Home Address			
전화번호 Home Telephone Number		핸드폰 번호 Mobile Phone Number	
진료과목 1 Medical Department 1		진료과목 2 Medical Department 2	
선택의사 1 Physician in Charge 1		선택의사 2 Physician in Charge 2	
진단명 Diagnosis			

* 성명은 여권에 나오는 대로 영문으로 작성하셔야 합니다.

* Names should be written with Latin letters according to the spelling given in passport.

자료 : 청심국제병원 제공

5. 인체 부위의 명칭

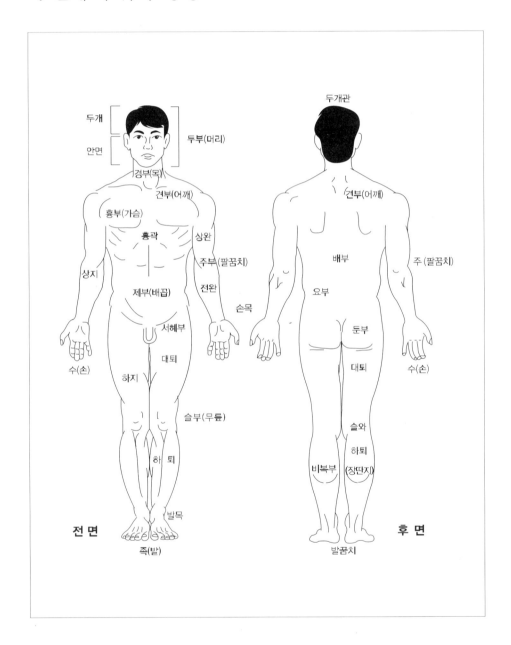

6. 인체 기관명칭(중)

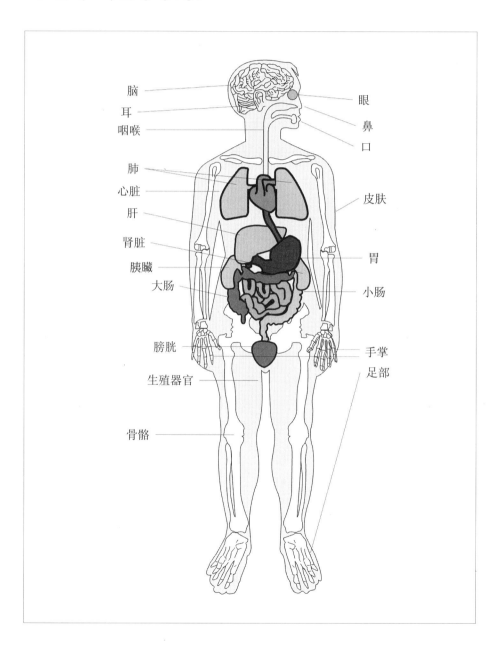

脑

耳

咽喉

肺

心脏

肝

肾脏

胰臟

大肠

膀胱

生殖器官

骨骼

眼

鼻

口

皮肤

胃

小肠

手掌

足部

참고문헌

강한승, 『의료관광 마케팅』, 대왕사, 2010.

김명자 외 4인, 『건강검진』, 정문각, 2007.

김미숙, 응급구조사 업무수행의 영향 요인, 2008.

김성혁・김순하, 『여행사 실무론』, 백산출판사, 2006.

김수배, 『원무관리 실무』, 군자출판사, 1998.

류규수, 『병원경영학』, 계축문화사, 1998.

마스다 노리유기, 『의료관광 일본어』, 고려동, 2010.

박복원 외 1인, 『의료관광 일본어』, 백산출판사, 2010.

생활경락학회.

이진동, 고각의료장비의 구매의사결정 영향요인이 재구매 추천의도에 미치는 영향, 2008.

청심국제병원.

한국관광공사, 『2010 의료관광 실무 매뉴얼』, 2010.

한국관광공사, 『의료관광 중국어 매뉴얼』, 2010.

한국보건복지인력개발원, 『의료인을 위한 일본어 회화책』, 2010.

한국보건산업진흥원(www.khidi.or.kr).

저자약력

안용훈(安鎔輝)

현) 경희대학교 관광대학원 관광경영학과 석사

여행정보신문사 부사장

월드호텔앤투어스 부사장

(사)한중관광문화포럼 부회장

(사)한중문화관광미디어총연합회(KCCTM) 이사

중국어통역안내사, 의료관광중국어 강사

전) 한국관광공사 북경, 타이베이 지사장

중국관광산업 금메달 수상 – 중국 부총리(吳儀) 시상(2006.1.)

한국관광공사 관광아카데미 교수

한중번역시스템(CAT), 한중전자사전 DB 구축(10만 어휘, 정소프트사)

중국어 통역안내사 시험 출제위원, 면접위원(관광공사)

강희석(姜熙錫)

동국대학교 일반대학원 석사 졸업

경기대학교 관광전문대학원 박사 수료

현) 강남구청 의료관광 강사

경기대학교 사회교육원 의료관광 외래교수

해우리네트웍스 대표이사

전) 현대메디스 의료관광 팀장

의료관광 중국어 中文医疗观光实用教程

2011년   12월 25일 초판 1쇄 발행
2012년   9월 10일 초판 2쇄 발행

공저자   안 용 훈·강 희 석

발행인   (寅製) 진   욱   상

저자와의
합의하에
인지첩부
생략

발행처   📖 백산출판사

서울시 성북구 정릉3동 653-40
  등록 : 1974. 1. 9. 제 1-72호
  전화 : 914-1621, 917-6240
  FAX : 912-4438
http://www.ibaeksan.kr
editbsp@naver.com

값 17,000원
ISBN 978-89-6183-526-8